安罗高速原阳至郑州段项目专用质量检验评定标准

张圣建　武建立　傅立军　主编

黄河水利出版社
·郑州·

图书在版编目(CIP)数据

安罗高速原阳至郑州段项目专用质量检验评定标准/张圣建,武建立,傅立军主编. —郑州:黄河水利出版社,2022.8

ISBN 978-7-5509-3290-6

Ⅰ.①安… Ⅱ.①张…②武…③傅… Ⅲ.①高速公路-工程-质量检验-标准-河南 Ⅳ.①U415.1-65

中国版本图书馆CIP数据核字(2022)第087966号

组稿编辑:王志宽 电话:0371-66024331 E-mail:wangzhikuan83@126.com

出 版 社:黄河水利出版社 网址:www.yrcp.com

地址:河南省郑州市顺河路黄委会综合楼14层 邮政编码:450003

发行单位:黄河水利出版社

发行部电话:0371-66026940、66020550、66028024、66022620(传真)

E-mail:hhslcbs@126.com

承印单位:河南匠之心印刷有限公司

开本:850 mm×1 168 mm 1/32

印张:4.5

字数:113千字

版次:2022年8月第1版 印次:2022年8月第1次印刷

定价:48.00元

《安罗高速原阳至郑州段项目专用质量检验评定标准》编委会

主　编　张圣建　武建立　傅立军

副主编　卢小伟　刘胜龙　张红光

　　　　袁书炜　闫鹏帆

前　言

安罗高速原阳至郑州段(兰原高速至连霍高速)(简称本项目)项目全长21.655 km,其中黄河特大桥15.223 km,为黄河上最长、内陆地区钢结构用量最大的公路桥梁,也是河南省内塔高最高、桥宽最宽、技术难度最复杂的桥梁。

项目基于建设条件、建设规模及定位,为贯彻落实中央关于交通强国先行示范以及黄河流域生态保护高质量发展的要求,开展顶层设计,创新了两个"全国首次"和三个"河南首次",即全国首次采用无纵筋钢壳混凝土组合塔,全国首次采用超长钻孔桩分布式桩基后压浆工艺;河南首次大规模采用钢混组合梁,河南首次采用钢管复合桩下部结构,河南首次实现跨黄河湿地省级自然保护区长距离桥面径流不落地、全收集、全处理。

本工程采用的一些新技术、新工艺、新材料有些尚在研究试验或推广使用阶段,有的缺乏相应的规范和标准,而目前行业内用于对施工工序、中间工程产品或单元工程产品进行质量检验和评定的行业标准《公路工程质量检验评定标准　第一册　土建工程》(JTG F80/1—2017)中相关内容涉及的范围有所不足,《公路桥涵施工技术规范》(JTG/T 3650—2020)中相应的内容也不够全面、深入,不能满足本项目工程质量检验评定以及打造"平安百年品质工程"的需要。

根据相关规定,为指导安罗高速原阳至郑州段项目施工及工程质量检验评定,并为本项目交工验收和竣工验收提供质量评定依据,以《公路工程质量检验评定标准　第一册　土建工程》(JTG F80/1—2017)为基础,参照《公路桥涵施工技术规范》(JTG/T 3650—2020),结合了其他类似跨江跨河特大型桥梁工程的质量标准和实践经验及本项目各参建单位意见,并根据专家意见编制形成《安罗高速原阳至郑州段项目专用质量检验评定标准》,用于本项目施工质量的技术管理、内部质量控制。

由于作者认知水平及经验的局限性,书中难免存在一些不足,敬请同行前辈和专家给予批评指正,以便补充完善。

编　者

2022 年 2 月

目　录

1 总　则

1.1 目　的

为检验和评定安罗高速原阳至郑州段(包括黄河特大桥、接线及枢纽互通工程,下同)的工程质量,制定本专用质量检验评定标准。

1.2 适用范围

本专用标准适用于安罗高速原阳至郑州段(包括黄河特大桥、接线及枢纽互通工程)工程质量的检验和评定。本专用标准较部颁验收标准提高部分作为项目内部过程控制标准,较部颁验收标准新增部分作为项目验收标准。

1.3 规范性引用文件

《公路工程标准体系》JTG 1001—2017

《公路桥涵设计通用规范》JTG D60—2015

《公路桥涵地基与基础设计规范》JTG 3363—2019

《公路斜拉桥设计规范》JTG/T 3365-01—2020

《公路钢结构桥梁设计规范》JTG D64—2015

《公路钢筋混凝土及预应力混凝土桥涵设计规范》JTG 3362—2018

《公路工程混凝土结构耐久性设计规范》JTG/T 3310—2019

《公路桥梁抗风设计规范》JTG/T 3360-01—2018

《公路桥梁抗震设计规范》JTG/T 2231-01—2020

《公路桥梁抗撞设计规范》JTG/T 3360-02—2020

《公路桥梁景观设计规范》JTG/T 3360-03—2018

《公路钢混组合桥梁设计与施工规范》JTG/T D64-01—2015

《公路钢桥面铺装设计与施工技术规范》JTG/T 3364-02—2019

《公路路基施工技术规范》JTG/T 3610—2019

《公路桥涵施工技术规范》JTG/T 3650—2020

《铁路钢梁制造规范》Q/CR 9211—2015

《特大跨径公路桥梁施工测量规范》JTG/T 3650-02—2019

《低合金高强度结构钢》GB/T 1591—2018

《桥梁用结构钢》GB/T 714—2015

《单丝涂覆环氧涂层预应力钢绞线》GB/T 25823—2010

《桥梁缆索用高密度聚乙烯护套料》CJ/T 297—2016

《桥梁支座用高分子材料滑板》JT/T 901—2014

《公路工程混凝土养护剂》JT/T 522—2004

《混凝土外加剂》GB 8076—2008

《公路工程水泥混凝土用纤维》JT/T 524—2019

《沥青路面用纤维》JT/T 533—2020

《公路水泥混凝土路面施工技术细则》JTG/T F30—2014

《公路沥青路面施工技术规范》JTG F40—2004

《公路路基路面现场测试规程》JTG 3450—2019

《公路工程沥青及沥青混合料试验规程》JTG E20—2011

《公路工程基桩检测技术规程》JTG/T 3512—2020

《公路桥梁预应力钢绞线用锚具、夹具和连接器》JT/T 329—2010

《装配式公路钢桥　制造》JT/T 728—2008

《组合结构桥梁用波形钢腹板》JT/T 784—2010

《装配式波形钢腹板梁桥技术规程》DB41/T 1526—2018

《公路桥梁钢结构防腐涂装技术条件》JT/T 722—2008

《桥梁钢结构冷喷锌防腐技术条件》JT/T 1266—2019

《混凝土桥梁结构表面用防腐涂料　第1部分:溶剂型涂料》JT/T 821.1—2011

《混凝土桥梁结构表面用防腐涂料　第2部分:湿表面涂料》JT/T 821.2—2011

《混凝土桥梁结构表面用防腐涂料　第3部分:柔性涂料》JT/T 821.3—2011

《混凝土桥梁结构表面用防腐涂料　第4部分:水性涂料》JT/T 821.4—2011

《路桥用溶剂性沥青基防水粘结涂料》JT/T 983—2015

《公路桥梁伸缩装置通用技术条件》JT/T 327—2016

《公路声屏障　第2部分:总体技术要求》JT/T 646.2—2016

《单元式多向位梳型板桥梁伸缩装置》JT/T 723—2008

《公路桥梁荷载试验规程》JTG/T J21-01—2015

《公路工程施工监理规范》JTG G10—2016

《公路工程质量检验评定标准　第一册　土建工程》JTG F80/1—2017

《公路工程质量检验评定标准　第二册　机电工程》JTG 2182—2020

《公路工程施工安全技术规范》JTG F90—2015

★安罗高速公路原阳至郑州段工程勘察、设计图纸文件(2021.7.16版);

本标准编制过程中,研究采纳了设计、土建施工、钢结构加工制造、监理、检测等有关单位的意见和建议。

2 通用要求及术语

2.1 通用要求

2.1.1 各分项工程的基本要求评定中,应首先符合本节通用要求。

2.1.2 分项工程所用的各种原材料的品种、规格、质量及混合料配合比和半成品、成品及施工控制要点等应符合有关技术标准规定,并满足设计要求。

2.1.3 所有参与安罗高速原阳至郑州段工程的施工人员进场前应进行培训及考核,掌握施工工序、施工工艺,明确质量目标、要求。未经教育培训或者考核不合格的人员,不得上岗作业。国家规定需要持证上岗的工种,必须持证上岗。

2.1.4 安罗高速原阳至郑州段工程所用的工程特种设备,必须按照国家规定经过有关部门的检验,并按时保养,确保设备正常运转。

2.1.5 未经检验或经检验不合格的材料、设备,不得用于施工。未经监理工程师认可,材料、构配件和设备不得在工程上使用或者安装。

2.1.6 安罗高速原阳至郑州段工程实行首件认可制。施工单位应对已完首件工程的施工工艺和质量进行综合评价,提交总结报告,完善施工方案,细化各工序的标准,形成工艺卡,固化工艺和检测方法及器具,并编制工艺指南。

2.2 术 语

2.2.1 钢壳节段

按设计要求将索塔钢壳在高度方向划分的若干段。

2.2.2 波形钢腹板

被加工成波折或波纹形状的用于桥梁腹板构造的钢板。

2.2.3 波形钢腹板组合梁

通过抗剪连接件使波形钢腹板与混凝土顶板、底板共同受力的钢-混凝土组合梁。

2.2.4 钢围堰

黄河特大桥深水基础采用的临时围堰钢结构。

2.2.5 钢管复合桩

包括带外壁环氧涂层防腐的钢管、剪力环、核心钢筋混凝土共同组成的复合受力桩体,是钢管与混凝土协同受力的一种新型组合形式。其中,钢管在成孔时作为模板以提高钢管复合桩的抗弯及承载性能;剪力环焊接于钢管的内壁以增强钢管与混凝土之间的黏结,提高钢管复合桩的抗弯性能;防腐涂层形成于焊接有剪力环的钢管外壁,以防止运营期间地下水对钢管及混凝土桩身的腐蚀;钢管内壁泥皮在桩身混凝土灌注前清理洁净,以确保桩身混凝土与钢管内壁及剪力环有效黏结。

2.2.6 永久钢护筒

钻孔灌注桩施工时用于定位、防水和导向钻头,参与桩基结构受力的筒型永久钢结构。

2.2.7 单元件

索塔钢壳、钢箱梁、钢锚梁、钢横梁等钢结构在工厂内离散制作时的最小结构,在工厂或工地用栓接或焊接的方式连接成整体。

3 工程质量评定

3.1 一般规定

3.1.1 安罗高速原阳至郑州段工程质量检验评定按分项工程、分部工程和单位工程逐级进行，各类工程的含义和内容如下。

1 单位工程

在合同段中，具有独立施工条件和结构功能的工程。

2 分部工程

在单位工程中，按照结构部位、施工特点或施工任务等划分为若干个分部工程。

3 分项工程

在分部工程中，按照不同施工工序、工艺或材料等划分的工程。

同时，考虑到经历时间的长短和可操作性，对原材料、半成品检验、施工工艺、运输保管、临时设施以及不属于永久工程的附属工艺产品均不单独作为划分各分项工程的条件，即不参与永久工程的评分。

安罗高速原阳至郑州段工程的单位工程、分部工程和分项工程划分表详见附录A。每一个分项工程均应填写一张相应的“分项工程质量检验评定表”。

3.1.2 安罗高速原阳至郑州段工程质量检验评定应符合下列规定：

1 分项工程完工后，应根据本标准进行检验，对工程质量进行评定。隐蔽工程在隐蔽前应检查合格。

2 分部工程、单位工程完工后，应汇总评定所属分项工程、分部工程质量资料，检查外观质量，对工程质量进行评定。

3.2 工程质量检验

3.2.1 分项工程应按基本要求、实测项目、外观质量和质量保证资料等检验项目分别检查。

3.2.2 分项工程质量应在所使用的原材料、半成品、成品及施工控制要点等符合基本要求的规定，无外观质量限制缺陷且质量保证资料真实齐全时，方可进行检验评定。

3.2.3 基本要求检查应符合下列规定：

1 分项工程应对所列基本要求逐项检查，经检查不符合规定时，不得进行工程质量的检验评定。

2 分项工程所用的各种原材料的品种、规格、质量及混合料配合比和半成品、成品应符合有关技术标准规定并满足设计要求。

3.2.4 实测项目

1 对检查项目按规定的检查方法和频率进行随机抽样检验并计算合格率。

2 按下列公式计算检查项目合格率：

$$\text{检查项目合格率}(\%)=\frac{\text{检查合格的点(组)数}}{\text{该检查项目的全部检查点(组)数}}\times 100\%$$

3.2.5 检查项目合格判定应符合下列规定：

1 分项工程中对结构安全、耐久性和主要使用功能起决定性作用的检查项目为关键项目(在文中以“△”标识)，关键项目合格率不得低于95%(机电工程为100%)，否则该检查项目为不合格。

2 分项工程中除关键项目外的检查项目为一般项目，一般项目的合格率应不低于80%，否则该检查项目为不合格。

3 有规定极值的检查项目，任一单个检测值不应突破规定极值，否则该检查项目为不合格。

4 采用《公路工程质量检验评定标准　第一册　土建工程》(JTG F80/1—2017)附录B至附录S所列方法进行评定的检查项

目,不满足要求时,该检查项目为不合格。

3.2.6 外观质量

外观质量应进行全面检查,并满足规定要求,否则该检测项目为不合格。

3.2.7 资料检查

施工单位应有完整的施工原始记录、试验数据、分项工程自查数据等质量保证资料,并进行整理分析,负责提交齐全、真实和系统的施工资料和图表。工程监理单位负责提交齐全、真实和系统的监理资料。

质量保证资料应包括下列内容:

1 所用原材料、半成品和成品质量检验结果。

2 材料配合比、拌和加工控制检验和试验数据。

3 地基处理、隐蔽工程施工记录和桥梁施工监控资料。

4 质量控制指标的试验记录和质量检验汇总图表。

5 施工过程中遇到的非正常情况记录及其对工程质量影响分析评价资料。

6 施工过程中如发生质量事故,经处理补救后达到设计要求的认可证明文件等。

3.2.8 检验项目评为不合格的,应进行整修或返工处理直至合格。

3.3 基本规定

3.3.1 工程质量等级分为合格与不合格。

3.3.2 分项工程、分部工程、单位工程质量评定应符合《公路工程质量检验评定标准 第一册 土建工程》(JTG F80/1—2017)附录K的规定。

3.3.3 分项工程质量评定合格应符合下列规定:

1 检验记录应完整。

2 实测项目应合格。

3 外观质量应满足要求。

3.3.4 分部工程质量评定合格应符合下列规定：

1 评定资料应完整。

2 所含分项工程及实测项目应合格。

3 外观质量应满足要求。

3.3.5 单位工程质量评定合格应符合下列规定：

1 评定资料应完整。

2 所含分部工程应合格。

3 外观质量应满足要求。

3.3.6 评定为不合格的分项工程、分部工程，经返工、加固、补强或调测，满足设计要求后，可重新进行检验评定。

3.3.7 所含单位工程合格，该合同段评定为合格；所含合同段合格，该建设项目评定为合格。

3.3.8 质量目标：工程质量实现5个百分之百，即分项工程合格率100%；路面平整度均方差平均值控制在0.6 mm左右，较规范提高100%；工程质量鉴定优良等级100%；竣工验收工程优良等级100%；建设项目综合评价优良等级100%。

4 黄河特大桥

4.1 桥梁总体

4.1.1 基本要求

1 桥梁工程应按设计文件内容全部完成。

2 桥下净空不得小于设计要求。

3 特大跨径的桥梁、结构复杂的桥梁和承载能力需要验证的桥梁应进行荷载试验,试验结果应满足设计要求和符合相关技术规范的规定。

4.1.2 实测项目

桥梁总体实测项目应满足表4.1.2的要求。

表4.1.2 桥梁总体实测项目

项次	检查项目		规定值或允许偏差	检查方法和频率
1	桥面中线偏位/mm		≤20	全站仪:每50 m测1点,且不少于5点
2	桥面宽/mm	车行道	±10	尺量:每50 m测1个断面,且不少于5个断面
3	桥长/mm		+100,-100	全站仪或钢尺:检查中心线处
4	桥面高程/mm	$L<50$ m	±30	水准仪:桥面每侧每50 m测1点,且不少于3点;跨中、桥墩(台)处应布置测点
		$L\geq50$ m	±(L/5 000+20)	

注:①L为桥梁跨径,计算规定值或允许偏差时以mm计。

②桥长(mm)指以单位工程划分的桥梁工程为验收单元,其中上限值较JTG F80/1—2017的规定值(+300,-100)mm要求提高了3倍,下限值不变。

4.1.3 外观质量

1 桥梁的内外轮廓线形应无异常突变。

2 结构内外部、支座、伸缩缝处应无残渣、杂物。

3 桥头不得出现跳车。

4.1.4 适用范围

适用于黄河特大桥桥梁总体。

4.2 钢筋和预应力筋加工、安装及张拉

4.2.1 钢筋加工及安装

1 钢筋加工及安装应符合下列基本要求:

1)钢筋安装应保证设计要求的钢筋根数。

2)钢筋的连接方式、同一连接区段内的接头面积应满足设计要求;接头位置应设在受力较小处,任何连接区段内同一根钢筋不得有两个接头。

3)钢筋的搭接长度、焊接和机械接头质量应满足施工技术规范的规定。

4)受力钢筋表面不得有裂纹及其他损伤。

5)钢筋的保护层垫块应分布均匀;数量及材料性能应满足设计要求和有关技术规范的规定;设计未规定时,按每平方米不少于4个、间距不大于50 cm梅花形均匀布设,采用与结构物等强度的预制成品高强砂浆垫块,禁止采用塑料垫块或各类石块、钢筋头及型钢垫块。

6)钢筋应安装牢固,钢筋网应有足够的钢筋支撑,在混凝土浇筑过程中钢筋不应出现移位。钢筋绑扎密度要求,结构和构件拐角处的钢筋交叉点绑扎率100%,平直部分交叉点绑扎率不低于50%;点焊固定的交叉点点焊率不低于50%;成品焊接钢筋网片交叉点点焊率100%。

注:①明确了钢筋保护层垫块的材质及安装密度;②明确了钢筋安装交叉点绑扎、点焊的交叉点频率。

2 实测项目

钢筋加工及安装实测项目应符合表 4.2.1-1～表 4.2.1-3 的规定，且任一点的保护层厚度不得有超过表中数值 1.5 倍的允许偏差，在受侵蚀性物质影响的环境中保护层厚度的偏差不应出现负值。保护层厚度应在模板安装完成后混凝土浇筑前检查。同时，须满足《交通运输部关于印发公路水运建设工程质量安全督查办法的通知》(交安监发〔2016〕86 号)规定的保护层厚度工后无损检测按 0.9～1.3 设计值判定合格。

表 4.2.1-1 钢筋安装实测项目

<table>
<tr><th>项次</th><th colspan="3">检查项目</th><th>规定值或允许偏差</th><th>检查方法和频率</th></tr>
<tr><td rowspan="3">1△</td><td rowspan="3">受力钢筋间距/mm</td><td colspan="2">两排以上排距</td><td>±5</td><td rowspan="3">尺量：长度≤20 m时，每构件检查 2 个断面；长度>20 m 时，每构件检查 3 个断面</td></tr>
<tr><td rowspan="2">同排</td><td>梁、板</td><td>±10(±5)</td></tr>
<tr><td>基础、墩台身、墩柱</td><td>±10</td></tr>
<tr><td>2</td><td colspan="3">箍筋、构造钢筋、螺旋筋间距/mm</td><td>±10</td><td>尺量：每构件测 10 个间距</td></tr>
<tr><td rowspan="2">3</td><td colspan="2" rowspan="2">钢筋骨架尺寸/mm</td><td>长</td><td>±10</td><td rowspan="2">尺量：按骨架总数 30%抽测</td></tr>
<tr><td>宽、高或直径</td><td>±5</td></tr>
<tr><td>4</td><td colspan="3">弯起钢筋位置/mm</td><td>±20</td><td>尺量：每骨架抽查 30%</td></tr>
<tr><td rowspan="2">5△</td><td colspan="2" rowspan="2">保护层厚度/mm</td><td>梁、板</td><td>±5</td><td rowspan="2">尺量：每构件各立模板面每 3 m^2 检查 1 处，且每侧面不少于 5 处</td></tr>
<tr><td>基础、墩台身、墩柱</td><td>±10</td></tr>
</table>

注：①小型构件的钢筋安装按总数抽查 30%。

②表中基础不包括钢筋混凝土桩基；项次 1 括号中的数字适用于钢混组合梁桥面板的预制。

③项次 1 中基础、墩台身、墩柱受力钢筋间距允许偏差较 JTG F80/1—2017(±20 mm)提高了 1 倍，采用型钢定位卡槽工装，能够有效达到要求。

表 4.2.1-2　钢筋网实测项目

项次	检查项目		规定值或允许偏差	检查方法和频率
1	网的长、宽/mm		±10	尺量:逐边测
2	网眼尺寸/mm		±10	尺量:测 5 个网眼
3	网眼对角线/mm		±15	尺量:测 5 个网眼
4	网的安装位置/mm	平面内	±20	尺量:测每网片边线中点
		平面外	±5	

表 4.2.1-3　钻孔灌注桩钢筋安装实测项目

项次	检查项目	规定值或允许偏差	检查方法和频率
1	主筋间距/mm	±10	尺量:每段测 2 个断面
2	箍筋或螺旋筋间距/mm	±20	尺量:每段测 10 个间距
3	钢筋骨架外径/mm	±10	尺量:每段测 2 个断面
4	钢筋骨架长度/mm	±50	尺量:每个骨架测 2 处
5	钢筋骨架底端高程/mm	±50	水准仪:测顶端高程,用骨架长度反算
6△	保护层厚度/mm	+20,0	尺量:测每段钢筋骨架外侧定位块处

注:①项次 4 钢筋骨架长度允许偏差较 JTG F 80/1—2017 规定(±100 mm)要求提高了 1 倍,现阶段用滚焊机或长线法钢筋笼胎架,钢筋笼总长度精度能够得到保障。

②项次 6 属关键项目,保护层厚度较 JTG F80/1—2017 规定(+20,-10)mm 提高到了(+20,0)mm,主要是考虑到预制高强度砂浆垫块制造精度可控度高,桩基钢筋笼保护层厚度取消负偏差指标,有利于黄河特大桥桩基混凝土耐久性控制。

3　外观质量

1)钢筋表面应无裂皮、油污、颗粒状或片状锈蚀及焊渣、烧伤,绑扎或焊接的钢筋网和钢筋骨架不得松脱和开焊。

2)焊接接头、连接套筒不得出现裂纹。

4 适用范围

适用于黄河特大桥钢筋混凝土工程的钢筋加工及安装。

4.2.2 预应力筋加工和张拉

1 基本要求

1)预应力束中的钢丝、钢绞线应顺直,不得有缠绞、扭结现象,表面不得有损伤。

2)单根钢绞线不得断丝,单根钢筋不得断筋或滑移。

3)同一截面预应力筋接头面积应不超过预应力筋总面积的25%,接头质量应符合施工技术规范的规定。

4)预应力筋张拉或放张时混凝土强度和龄期应满足设计要求,应按设计要求的张拉顺序进行操作。

5)预应力钢丝采用镦头锚时,镦头应圆整,不得有斜歪或破裂现象。

6)管道应安装牢固,接头密合,弯曲圆顺。锚垫板平面应与孔道轴线垂直。

7)张拉设备应配套标定和使用,并不得超过标定期限使用。

8)预应力筋张拉之前,宜对不同类型的孔道进行至少一个孔道的摩阻测试,通过测试所确定的 μ 值和 k 值宜用于对设计张拉控制应力的修正,对长度大于 60 m 的孔道宜适当增加摩阻测试的数量。摩阻损失的测试方法按《公路桥涵施工技术规范》(JTG/T 3650—2020)附录 G 执行。

9)锚固后,夹片错台不大于 2 mm、夹片外露不大于 4 mm;预应力筋应采用砂轮锯机械切割,严禁采用电弧切割,不得损伤锚具。切割后预应力筋的外露长度符合设计要求,设计未要求时按不小于 30 mm 且不小于 1.5 倍预应力筋直径。锚具应统一采用圆柱形封端混凝土保护,外露钢绞线最小覆盖厚度不小于 20 mm,

封端后不允许有钢绞线外露,并采用保湿膜进行保湿养护。

注:①项次 8)明确了现场应开展不同类型预应力孔道摩阻系数的现场测试,并对测试方法提出了依据;②项次 9)明确了张拉锚固后夹片检查质量指标、钢绞线切割外露量指标要求、锚具封端混凝土细节要求。

2 实测项目

后张法实测项目见表 **4.2.2**。

表 4.2.2 后张法实测项目

项次	检查项目		规定值或允许偏差	检查方法和频率
1	管道坐标/mm	梁长方向	±30	尺量:每构件抽查 30% 的管道。每个曲线段测 3 点,直线段每 10 m 测 1 点;锚固点及连接点全部测
		梁宽方向	±10	
		梁高方向	±10	
2	管道间距/mm	同排	±10	尺量:每构件抽查 30% 的管道,测 2 个断面
		上下层	±10	
3△	张拉应力值		满足设计要求	查油表读数或查智能张拉数据:每根检查
4△	张拉伸长率/%		满足设计要求,设计未要求时±6	尺量或查智能张拉数据:每根检查
5	断丝滑丝数		不允许	目测:每根检查

注:①项次 3、项次 4 均增加了"查智能张拉数据",近年智能张拉系统已较为普及,智能张拉设备经有效标定后,准确率有保障。

②项次 5,较 JTG F80/1—2017 规定值(每束不超过 1 根、总断丝数不超过断面钢丝总数的 1%)提高为"不允许",主要是现阶段钢绞线、钢丝、智能张拉设备等的技术已较为完善成熟,同时考虑到黄河特大桥的重要性,提高到"不允许",若实际施工中出现断丝滑丝问题,应予以退锚退索,重新穿束后进行张拉。

3 外观质量

1)预应力筋应无油污、锈迹，锚具、连接器表面应无裂纹、油污、锈迹，外套管应无裂纹、机械损伤。

2)预应力筋及管道线形不得出现弯折。

3)预应力管道应无破损、连接松脱。

注：项次1)较验收评定标准JTG F80/1—2017(无超过20%表面积的锈迹)提高到了(无锈迹)，主要是现阶段预应力筋加工制造工艺成熟可靠，表面镀锌质量稳定，可起到很好的防护作用，且现场文明施工要求日益提高，不允许预应力筋露天存放，避免风吹日晒雨淋，一旦由于保管不力导致出现表面浮锈，可采用软布进行擦拭清除干净。出现软布无法擦净的锈迹、锈斑时，标明钢绞线表面镀锌层已破坏，考虑到黄河特大桥的重要性，此种状况时不允许使用。

4 适用范围

适用于黄河特大桥预应力筋加工、安装和张拉。

4.2.3 预应力管道压浆及封锚

1 基本要求

1)浆体的各项技术性能应符合施工技术规范并满足设计要求。

2)预应力管道在压浆前应清除内部的杂物及积水。采用真空辅助压浆时，其气密性应达到有关技术规范的规定。推荐采用智能大循环压浆工艺。

3)管道最高位置应设置排气孔或检查孔，排气孔、检查孔应充满原浆。

4)应在设计要求的时间内进行压浆，设计未规定时，在张拉完成后48 h内完成压浆。同一管道压浆应一次完成，不得有漏浆的管道。

5)压浆过程中及压浆完成后48 h内，环境温度低于5 ℃时应采取防冻或保温措施。

6)应按设计要求浇筑封锚混凝土。设计未规定时,在压浆完成后 48 h 内用结构物等强度小石子混凝土进行封锚混凝土浇筑,封锚混凝土内部钢筋按设计文件执行,张拉槽口区域因预应力筋安装、张拉干扰造成的主筋截断,应在封锚混凝土浇筑前恢复齐全。

注:①项次 2)增加了现阶段公路系统全面推广使用的智能大循环压浆工艺。②项次 4)明确了张拉完成后至压浆的时限。③项次 6)明确了压浆完成后封锚混凝土浇筑的时限,并明确了封锚混凝土内钢筋安装以及因故截断的钢筋恢复要求。

2 实测项目

预应力管道压浆及封锚实测项目应符合表 4.2.3 的规定。

表 4.2.3 预应力管道压浆及封锚实测项目

项次	检查项目	规定值或允许偏差	检查方法和频率
1△	浆体强度/MPa	在合格标准内	按 JTG F80/1—2017 附录 M 检查
2△	压浆压力值/MPa	满足设计要求,并控制在 0.5~1.0	查油压表读数:每管道检查
3	稳压时间/s	满足设计要求,且不小于 300	计时器:每管道检查

注:①项次 2 明确了压浆压力值范围,常规孔道控制在 0.5~0.7 MPa,超长孔道适当提高,但不得超过 1.0 MPa,以免造成设备及孔道因压力过大而爆裂。
②项次 3 明确了稳压时间,不低于 300 s,以利于关闭出浆口后持荷稳压,进一步确保管道充盈度。

3 外观质量

1)封锚混凝土与相连混凝土应无大于 3 mm 的施工接缝错台。

2)封锚混凝土不应存在 JTG F80/1—2017 附录 P 所列限制缺陷。

注：项次1)错台指标值要求较 JTG F80/1—2017 要求(5 mm)有所提高(3 mm)，通过现场精细化施工作业及质量管控，可以有效保障封锚混凝土与相连混凝土表面基本平齐。

4.3 基　础

4.3.1 钢管复合桩用钢管的制作、安装及防护

1 基本要求

1)按设计文件要求，采用直缝钢管，其任一截面内纵向焊缝不得多于1条；不得使用螺旋焊管。

2)钢管分节长度及节段焊缝位置严格按设计文件执行，现场安装、接长焊接。

3)钢管纵向及接长焊缝均为对接熔透焊缝，应按Ⅰ级焊缝执行超声波探伤检测。剪力环与钢管内壁焊缝技术要求按设计文件执行，钢管纵缝及接长焊缝及检测应符合设计及相关规范要求。

4)处理后的钢材表面不应有焊渣、焊疤、灰尘、油污、水和毛刺等，除锈等级应符合设计和国家现行有关标准规定。二次除锈后必须进行清洁处理，经过清洁的钢材表面达到规定的要求后方可允许进行涂敷。

5)桩位施工放样后，应与设计图纸核对准确无误后才可施打。

6)钢管分节沉放时，应采取定位架定位、交会法过程控制等措施。

7)钢管分节沉放期间现场环口焊缝、除锈、防腐涂装质量均应符合设计要求。

8)钢管顶端与承台的有效连接应符合设计要求。

9)采用拉开法进行涂层测试结束后要对涂层破坏部位按要求进行修复。

2　实测项目

钢管复合桩用钢管的制作、安装及防护实测项目见表4.3.1-1和表4.3.1-2。

表4.3.1-1　钢管复合桩用钢管的制作、防护实测项目

项次	检查项目	规定值或允许偏差	检查方法和频率
1△	钢管壁厚/mm	0,+2.0	游标卡尺:每节段每端口4处
2	长度/mm	0,+50	尺量:每节段测1处
3	周长/mm	±0.5%周长,且≤±10	钢尺:每节段每端口1处
4	管端椭圆度/mm	0.5%外径,且≤±5	钢尺:每端面纵、横向2个方向(取差值最大者)
5	管端平整度/mm	2	平面度尺:每节段每端面测1处
6	管端平面倾斜/mm	0.5%外径,且≤4	平面度尺:每节段每端面测1处
7	纵轴线弯曲矢高/mm	0.1%桩长,且≤20	沿桩长拉线量取最大值:每节段测1处
8	剪力环位置/mm	±50	钢尺:每道剪力环测2处
9	焊缝尺寸/mm	满足设计要求	量规:检查全部,每条焊缝检测3处
10△	焊缝探伤		超声法:检查全部 射线法:满足设计要求;设计未要求时按10%抽查,且不少于3条,应覆盖纵缝及环口对接焊缝等各类焊缝

续表 4.3.1-1

项次	检查项目	规定值或允许偏差	检查方法和频率
11△	除锈等级	满足设计要求	样板对比:全部检查
12△	粗糙度 R_z/μm	满足设计要求	对比样块:全部检查
13	总干膜厚度/μm	满足设计要求	干膜测厚仪:每管节检查 3 个断面,每个断面均匀分布检测 4 点
14	附着力	满足设计要求	SY/T 0315—2013 附录 G,抽查 5%管节

注:①JTG F80/1—2017 中无钢管复合桩用钢管相关标准要求,根据 JTG/T 3650—2020 及 JTG F80/1—2017 中对普通钢管桩的相关条款,结合设计文件具体要求,拟定以上检验项目及标准。

②项次 1 钢管复合桩用钢管板材壁厚,为确保钢管焊接后施打振沉等工作顺利实施及成桥后钢管复合桩受力状态,钢板壁厚偏差按《热轧钢板和钢带的尺寸、外形、重量及允许偏差》(GB/T 709—2019)中 C 类控制,根据设计板厚 26 mm、32 mm,宽度 2.5~4.0 m 单轧钢板对应的 C 类厚度偏差(0,+2.0)mm 来采购订货,不允许使用负偏差钢板。

③项次 2 钢管长度较普通钢管桩(JTG F80/1—2017)要求(+300,0)mm 提高了 6 倍,定为(0,+50)mm,根据目前钢结构制造工艺技术水平,通常都能够实现。

④项次 5、项次 6 是根据《公路桥涵施工技术规范》(JTG/T 3650—2020)第 10.2.5 条钢管桩的制作相关要求增加的,且项次 6 在规范要求 1%的基础上,提高为 0.5%且≤4 mm。

⑤项次 8 剪力环位置属新增检查项目,根据施工精度及质量要求,定为±50 mm,每环测 2 处,剪力环位置偏差不属于高精度技术指标,控制在 5 cm 以内,应可以有效保障钢管复合桩受力。

⑥项次 11 至项次 14 为钢管复合桩涂层质量技术指标,参照钢梁防腐涂装相关指标体系并结合设计文件要求编制而成。

表 4.3.1-2　钢管复合桩钢管的安装实测项目

项次	检查项目	规定值或允许偏差	检查方法和频率
1	中心偏位/mm	30	全站仪:每桩检查,1 处
2△	管底高程/mm	不高于设计高程	水准仪或全站仪测桩面高程后反算:每桩检查,1 处
3	倾斜度	1/400	全站仪:每桩检查
4	焊缝尺寸/mm	满足设计要求	量规:检查全部,每条焊缝检测 3 处
5△	焊缝探伤		超声法:检查全部 射线法:满足设计要求;设计未要求时按 10%抽查,且不少于 3 条
6△	除锈等级	满足设计要求	样板对比:全部检查
7△	粗糙度 R_z/μm	满足设计要求	对比样块:全部检查
8	总干膜厚度/μm	满足设计要求	干膜测厚仪:每管节检查 3 个断面,每个断面均匀分布检测 4 点
9	附着力	满足设计要求	SY/T 0315—2013 附录 G,抽查 5%管节

注:①项次 1、项次 3 均为设计文件提出的指标要求,较 JTG F80/1—2017 相关要求有较大提高,在施工前应制定相应的质量控制措施,确保钢管复合桩打设精度。

②现场环口对接焊缝的焊接质量及环口区域的涂装质量技术要求,与制造环节一致,不因为现场施工条件变化而降低要求。

3　外观质量

1)涂层表面不得出现起泡、裂纹、起皮、掉块及返锈,应无漏涂。

2)焊缝咬边深度不得超过 0.5 mm,咬边累计总长度不得超过焊缝长度的 10%。

3)焊缝表面应无裂纹、焊瘤、未焊透、未填满弧坑、气孔、夹渣、电弧擦伤等外观缺陷。

4)振沉期间及振沉到位后,钢管顶部无劈裂。

4 适用范围

适用于黄河特大桥钢管复合桩用钢管的制作、防护及安装。

4.3.2 钻孔灌注桩

1 基本要求

1)成孔后应清孔,并测量孔径、孔深、孔位和沉淀厚度,确认满足设计要求并符合施工技术规范规定后,方可灌注水下混凝土。

2)钢管复合桩成孔后,应采取有效措施对钢管内壁进行彻底清理,不得留有残留的泥块、泥沙等附着物。

3)水下混凝土应连续灌注,灌注时钢筋笼不应上浮。

4)嵌入结构的锚固钢筋长度不得小于设计要求的锚固长度。

2 实测项目

钻孔灌注桩实测项目见表4.3.2。

表4.3.2 钻孔灌注桩实测项目

<table>
<tr><th>项次</th><th colspan="3">检查项目</th><th>规定值或
允许偏差</th><th>检查方法和频率</th></tr>
<tr><td>1△</td><td colspan="3">混凝土强度/MPa</td><td>在合格标准内</td><td>按 JTG F80/1—2017 附录D检查</td></tr>
<tr><td rowspan="3">2</td><td rowspan="3">桩位/
mm</td><td colspan="2">群桩</td><td>≤100</td><td rowspan="3">全站仪:每桩测中心坐标</td></tr>
<tr><td rowspan="2">排架桩</td><td>允许</td><td>≤50</td></tr>
<tr><td>极值</td><td>≤100</td></tr>
<tr><td>3△</td><td colspan="3">孔深/m</td><td>≥设计值</td><td>经校核的带刻度钢丝测绳:每桩测量</td></tr>
<tr><td>4</td><td colspan="3">孔径/mm</td><td>≥设计值</td><td>超声波成孔检测仪:每桩检测</td></tr>
</table>

续表 4.3.2

项次	检查项目		规定值或允许偏差	检查方法和频率
5	钻孔倾斜度/mm	主塔桩基	≤1/150 桩长,且≤500	超声波成孔检测仪:每桩检测
		钢管复合桩	≤1/400 桩长,且≤500	
		其他桩	≤1/100 桩长,且≤500	
6	沉淀厚度/mm		满足设计要求	沉淀盒或测渣仪:每桩测量
7△	桩身完整性		满足设计要求;设计未要求时,主桥Ⅰ类桩率100%,副桥及南北引桥Ⅰ类桩率不低于98%,其余不低于Ⅱ类桩	满足设计要求,设计未要求时采用超声波法:每桩检测

注:①项次3明确了采用经校核的带刻度钢丝测绳,不允许采用弹性较大的尼龙测绳,超声波成孔检测仪自带的孔深检测功能精度较低,满足不了孔深精确量测的要求,不予采用。

②项次4孔径、项次5钻孔倾斜度两项指标,明确了均采用超声波成孔检测仪,检测精度高、数据翔实,图形直观,对混凝土灌注准备及后期钻孔施工工艺改进均有指导意义;钢筋笼探孔器仅能探测孔径、孔斜是否合格,无法提供准确数据,一般仅用于互通区小直径及较短桩孔。

③项次5钻孔倾斜度指标,结合设计文件对主塔桩基倾斜度、钢管复合桩倾斜度相关要求制定。

④项次7桩身完整性指标,根据特大桥质量控制及后期项目评优申报等的需要,主桥各墩桩基Ⅰ类桩率100%,副桥及引桥等Ⅰ类桩率不低于98%,其余为Ⅱ类桩,不允许出现Ⅰ、Ⅱ类桩以外的桩,否则应进行有效处置后复检或返工处理。

3 外观质量

1)凿除桩头预留混凝土后,桩顶应无残余的松散混凝土。

2)外露混凝土表面不应存在JTG F80/1—2017附录P所列限制缺陷。

4 适用范围

适用于黄河特大桥钻孔灌注桩。

4.3.3 灌注桩桩侧及桩底压浆

1 基本要求

1)应通过试验确定压浆相关参数,并制订压浆方案。

2)压浆机械设备、压浆管路、接头及阀门等应进行耐压检验,检验结果应满足压浆方案要求。

3)应在桩底混凝土凝固前及时冲开压浆阀,并按设计要求和施工技术规范规定进行压浆操作。成孔过程中未出现明显超钻、扩孔等现象时,桩端、桩侧压浆均不开塞;如果进行开塞,则宜在混凝土灌注后 12~24 h 将清水压入压浆管,打开出浆口,疏通压浆通道;当水压明显下降时,表明出浆口已打开,应立即停止并关闭阀门。

4)灌注桩后压浆施工期间,应如实记录压浆的起止时间、压浆量、压浆流量、压浆压力及桩的上抬量等参数。

2 实测项目

桩侧及桩底后压浆实测项目应符合表 4.3.3 的规定。

表 4.3.3 桩侧及桩底后压浆实测项目

项次	检查项目	规定值或允许偏差	检查方法和频率
1△	浆体强度/MPa	在合格标准内	按 JTG F80/1—2017 附录 M 检查
2	压浆终止压力值/MPa	满足压浆方案要求	查油压表读数:全部管路
3△	压浆量/L	满足压浆方案要求	流量计:每桩检查
4	稳压时间/min	≥5	计时器:全部管路

注:1. 结合《公路桥涵施工技术规范》(JTG/T 3650—2020)第 9.5.8 条及设计文件规定,综合制定本项目压浆终止条件。符合下列条件之一时,可终止压浆:①压浆量达到设计要求,最后 5 min 的平均压力达到压浆终止压力;②压浆量已达到设计要求,最后 5 min 的压浆平均压力不小于 80%压浆终止压力,增加压浆量至设计值的 110%;③压浆量已达到设计要求,最后 5 min 的压浆平均压力小于 80%压浆终止压力,增加压浆量至设计值的 120%;④压浆量大于设计值的 80%,最后 5 min 的压浆平均压力大于 1.2 倍压浆终止压力。

2. 若压浆总量未达到设计要求的 80%,应暂停压浆并分析原因。

3 外观质量

桩侧及桩底后压浆时，地面应无冒浆，周围桩孔无串浆。

4.3.4 钢围堰

1 基本要求

1）用于钢围堰施工的锁口钢管桩、围檩及内支撑型钢等各单元件的材质、性能和加工尺寸、截面特性等应符合产品的相应规定。在存放、搬运和起吊时，应采取措施防止其变形及锁口损坏。经过整修或焊接后的锁口钢管桩，应采用同类型的短桩进行锁口通过试验，合格者方可继续使用。

2）锁口钢管桩在施打前应设置测量观测点，控制其施打的定位。

3）锁口钢管桩在施打前，其锁口应采用止水材料捻缝，防止在使用过程中漏水。如土层中有孤石、片石或其他障碍物，其底口应做加强处理。

4）锁口钢管桩施打时应有导向装置，应能保证桩的位置准确。施打顺序应按既定的施工方案进行，并宜从上游开始分头向下游方向合龙。施打时应随时检查其位置和垂直度是否准确，不符合要求的应立即纠正或拔起重新施打。施打完成后所有的锁口均应闭合。

5）同一围堰内采用不同类型的锁口钢管桩时，宜将不同类型的各半拼焊成一根异形钢板桩，分别与相邻桩进行连接。接长的钢板桩，其相邻的接头位置应上下错开。

6）拔除锁口钢管桩之前，应向围堰内注水，使堰内外的水位保持平衡。拔桩应从下游侧开始逐步向上游侧进行。

2 实测项目

锁口钢管桩围堰实测项目应符合表 4.3.4 的规定。

表 4.3.4 锁口钢管桩围堰实测项目

<table>
<tr><th>项次</th><th colspan="2">检查项目</th><th>规定值或允许偏差</th><th>检查方法和频率</th></tr>
<tr><td>1</td><td colspan="2">顶面轴线偏位/mm</td><td>≤100</td><td>全站仪:纵横轴线两端共测 4 点</td></tr>
<tr><td>2</td><td colspan="2">顶面高程/mm</td><td>≤100</td><td>水准仪:长、宽方向各测 2 处</td></tr>
<tr><td>3</td><td>围堰平面尺寸/mm</td><td>长、宽</td><td>±50,
对角线差<30</td><td>尺量:测顶面,长、宽各测 3 处</td></tr>
<tr><td>4</td><td colspan="2">倾斜度/%</td><td>1.0</td><td>铅锤法:每侧面测量 2 处</td></tr>
<tr><td>5△</td><td colspan="2">锁口闭合</td><td>全部闭合</td><td>目测:全数检查</td></tr>
<tr><td>6</td><td colspan="2">围檩及内支撑安装位置/mm</td><td>≤50</td><td>尺量:每侧面测 2 处</td></tr>
<tr><td>7</td><td colspan="2">焊缝尺寸/mm</td><td rowspan="2">满足围堰设计要求</td><td>量规:抽查 10%的焊缝,且不少于 3 条,每条焊缝检查 3 处</td></tr>
<tr><td>8△</td><td colspan="2">焊缝探伤</td><td>超声法:满足围堰设计要求;设计未要求时抽查 10%的焊缝,且不小于 3 条</td></tr>
<tr><td>9△</td><td colspan="2">应力</td><td>满足围堰设计要求</td><td>应力计:每个主受力构件不少于 1 处</td></tr>
<tr><td>10△</td><td colspan="2">变形</td><td>满足围堰设计要求</td><td>全站仪:每边左、中、右各 1 点,围檩及内支撑各 1 点</td></tr>
</table>

注:①本表参照 JTG F80/1—2017 表 8.5.7 双壁钢围堰实测项目、结合锁口钢管桩围堰施工技术要求编制。

②项次 1 至项次 3 均较双壁钢围堰有适当放宽,主要考虑到双壁钢围堰兼作基础外模,制造及安装精度要求较高,锁口钢管桩作为临时围堰结构,内部规划了立模空间,因此不必对其顶面轴线偏位、顶面高程、围堰平面尺寸(长、宽)提出过高精度。

③项次 5、项次 6、项次 9、项次 10 均为新增实测项目,根据锁口钢管桩围堰的结构特点提出。

④项次 5、项次 8、项次 9、项次 10 均为关键项目,直接关系到钢围堰的结构安全及稳定性,必须按钢围堰设计要求严格把关。

3 外观质量

1)钢围堰所有钢构件外观应无结构性缺陷、破损等缺陷。

2)围堰抽水后,各锁口应无贯通性渗漏水问题。

4 适用范围

适用于黄河特大桥水域锁口钢管桩围堰。

4.3.5 钢围堰的封底混凝土

1 基本要求

1)基底清理应满足设计要求,检查合格后方可浇筑水下混凝土封底。

2)水下封底混凝土应按要求一次浇筑完成,围壁处不得出现空洞,不得渗漏水。

2 实测项目

钢围堰封底混凝土实测项目应符合表4.3.5的规定。

表4.3.5 钢围堰封底混凝土实测项目

项次	检查项目	规定值或允许偏差	检查方法和频率
1△	混凝土强度/MPa	在合格标准内	按JTG F80/1—2017附录D检查
2	基底高程/mm	0,-200	测绳和水准仪:每10 m^2测1处
3	顶面高程/mm	±50	水准仪:每10 m^2测1处

注:由于水上主墩承台封底混凝土面积较大,为确保封底混凝土有效厚度,进一步明确了项次2基底高程和项次3顶面高程的检查频率,JTG F80/1—2017要求(测5处)对较大平面尺寸的主墩承台封底而言,覆盖面严重不足,现场封底混凝土浇筑施工期间,一般会按照2~3 m的间距进行全面探测,以保障封底混凝土厚度。

3 外观质量

1)封底混凝土不得出现上浮、破碎。

2)与围堰壁、钢护筒壁的结合应无缝隙。

4 适用范围

适用于黄河特大桥水域钢围堰封底混凝土工程。

4.3.6 承台等大体积混凝土结构

1 基本要求

1)水化热引起的混凝土内最高温度及内表温差应控制在允许范围内,根据承台结构尺寸制订合理的温控设计和温控监测方案,内部最高温度不大于70 ℃、内表温差不大于25 ℃、表面与大气温差不大于20 ℃。

2)施工缝等的设置及处理应满足设计要求并符合施工技术规范的规定。

注:项次1)明确了大体积混凝土最高温差及内表温差控制目标,且根据较多项目大体积温控成果,在施工技术规范规定值(最高温度≤75 ℃)的基础上适当提高了要求,通过有效的温控措施及监测,可以实现提出的目标值,确保大体积混凝土温度应力得到有效控制。

2 实测项目

承台等大体积混凝土实测项目应符合表4.3.6的规定。

表4.3.6 承台等大体积混凝土实测项目

项次	检查项目		规定值或允许偏差	检查方法和频率
1△	混凝土强度/MPa		在合格标准内	按JTG F80/1—2017附录D检查
2	平面尺寸/mm	B<30 m	±30	尺量:纵、横向各测2个断面
		B≥30 m	±B/1 000	
3	结构高度/mm		±30	尺量:每边左、中、右各测1处
4	顶面高程/mm		±20	水准仪:测5处

续表 4.3.6

项次	检查项目	规定值或允许偏差	检查方法和频率
5	轴线偏位/mm	≤10	全站仪:纵、横向各测 2 点
6	平整度/mm	≤5	2 m 直尺:每侧面每 20 m^2 测 1 处,且不少于 3 处,每处测竖直、水平两个方向

注:①B 为边长或直径,计算规定值或允许偏差时以 mm 计。

②项次 2、项次 3 较 JTG F80/1—2017 要求(项次 2 测 2 个断面;项次 3 测 5 处)适当细化并提高了检测频率(2. 纵、横向各测 2 个断面;3. 每边左、中、右各测 1 处),以利于承台等大体积混凝土平面尺寸和结构高度得到更好的检验和控制。

3 外观质量

1)混凝土表面不应存在 JTG F80/1—2017 附录 P 所列限制缺陷。

2)应无建筑垃圾、杂物和临时预埋件。

4 适用范围

适用于黄河特大桥主桥、副桥、引桥、跨堤桥的承台等大体积混凝土结构。

4.4 混凝土墩、台

4.4.1 混凝土墩、台

1 基本要求

1)模板及支架的强度、刚度、稳定性应符合施工技术规范的规定。

2)施工缝设置及处理,应符合施工技术规范规定。

2 实测项目

实测项目按表 4.4.1-1、表 4.4.1-2 执行。

表 4.4.1-1　现浇混凝土墩、台身实测项目

<table>
<tr><th>项次</th><th colspan="2">检查项目</th><th>规定值或允许偏差</th><th>检查方法和频率</th></tr>
<tr><td>1△</td><td colspan="2">混凝土强度/MPa</td><td>在合格标准内</td><td>按 JTG F80/1—2017 附录 D 检查</td></tr>
<tr><td>2</td><td colspan="2">断面尺寸/mm</td><td>±20</td><td>尺量：每施工节段测 1 个断面，不分段施工的测 2 个断面</td></tr>
<tr><td rowspan="3">3</td><td rowspan="3">全高竖直度/mm</td><td>$H\leqslant 5$ m</td><td>$\leqslant 5$</td><td>全站仪或铅锤法：纵、横向各测 2 处</td></tr>
<tr><td>5 m $<H\leqslant$ 60 m</td><td>$\leqslant H/1\,500$，且 $\leqslant 10$</td><td rowspan="2">全站仪：纵、横向各测 2 处</td></tr>
<tr><td>$H>60$ m</td><td>$\leqslant H/3\,000$，且 $\leqslant 30$</td></tr>
<tr><td>4</td><td colspan="2">顶面高程/mm</td><td>±10</td><td>水准仪：测 3 处</td></tr>
<tr><td rowspan="2">5△</td><td rowspan="2">轴线偏位/mm</td><td>5 m $<H\leqslant$ 60 m</td><td>$\leqslant 10$，且相对前一节段 $\leqslant 5$</td><td rowspan="2">全站仪：每施工节段测顶面边线与两轴线交点</td></tr>
<tr><td>$H>60$ m</td><td>$\leqslant 15$，且相对前一节段 $\leqslant 5$</td></tr>
<tr><td>6</td><td colspan="2">节段间错台/mm</td><td>$\leqslant 3$</td><td>尺量：测每节每侧面，取最大值</td></tr>
<tr><td>7</td><td colspan="2">平整度/mm</td><td>$\leqslant 5$</td><td>2 m 直尺：每侧面每 20 m^2 测 1 处，每处测竖直、水平两个方向</td></tr>
</table>

续表 4.4.1-1

项次	检查项目	规定值或允许偏差	检查方法和频率
8	预埋件位置/mm	满足设计要求,设计未要求时,≤5	尺量:每件测

注:①H 为墩、台身高度,计算规定值或允许偏差时以 mm 计。

②项次 3 全高竖直度,当 5 m<H≤60 m 时,允许偏差为≤H/1 500,且≤10 mm,是根据设计要求规定的,较 JTG F80/1—2017 规定的允许偏差值≤H/1 000,且≤20 mm 有所提高。

③项次 5 相对前一节段轴线偏位、项次 6 节段间错台、项次 7 平整度,允许偏差值均较 JTG F80/1—2017 要求有所提高,分别将相对前一节段轴线偏位≤8 mm 提高至≤5 mm、错台≤5 mm 提高至≤3 mm、平整度≤8 mm 提高至≤5 mm,根据目前模板加工制造及安装质量、测量仪器精度、施工管理质量控制等的情况,可以实现。

表 4.4.1-2　现浇墩、台帽或盖梁实测项目

项次	检查项目	规定值或允许偏差	检查方法和频率
1△	混凝土强度/MPa	在合格标准内	按 JTG F80/1—2017 附录 D 检查
2	断面尺寸/mm	±20	尺量:测 3 个断面
3	轴线偏位/mm	≤10	全站仪:纵、横向各测 2 点
4	顶面高程/mm	±10	水准仪:测 5 点
5	支座垫石预留位置/mm	≤10	尺量:每个检查
6	平整度/mm	≤5	2 m 直尺:每侧面测 3 处,每处测长度方向

注:项次 6 平整度较 JTG F80/1—2017 要求≤8 mm 有所提高,提高至≤5 mm,根据目前模板加工制造及安装质量、测量仪器精度、施工管理质量控制等的情况,可以实现。

3　外观质量

1）混凝土表面不应存在 JTG F80/1—2017 附录 P 所列限制缺陷。

2）应无建筑垃圾、杂物和临时预埋件。

4　适用范围

适用于黄河特大桥主桥、副桥、引桥、跨堤桥等的墩、台身及台帽、盖梁。

4.5　钢-混组合索塔

4.5.1　索塔钢壳制作

1　基本要求

1）索塔钢壳用钢材、型材、剪力键、焊材、高强度螺栓、涂装材料等各类材料需满足设计要求及相应材料规范规定的各项技术要求，钢板厚度按《热轧钢板和钢带的尺寸、外形、重量及允许偏差》（GB/T 709—2019）中的 C 类要求控制，即不允许出现厚度负偏差。

2）索塔钢壳正式制作前必须进行焊接工艺评定试验和制造规则评审，并制订实施性焊接施工工艺。

3）索塔钢壳制造及组装场地必须满足安全生产的各项要求，且具备工厂化施工标准。满足钢索塔板单元、块体、节段的加工、存放以及吊装的需要。

4）索塔钢壳应在专用胎架内组装及施焊。组装胎架应具有足够的刚度，平面度应达到设计要求。

5）主要受力零件冷作的弯曲应按设计规定执行。弯曲后的零件边缘不得产生裂纹。各类构件应具有足够的刚度。钢壳及零件在存放、移动时不允许产生变形、碰撞损伤和漆面破坏，不得使用变形零件。

6)高强螺栓连接摩擦面的抗滑系数应符合设计要求。摩擦面应保持干燥、整洁,安装出现间隙时应按相关技术规定进行处理。

7)同一部位的焊缝返修不宜超过两次,返修后的焊缝应按照原质量标准检验合格。

8)钢壳节段在制作完成后,必须进行工厂立式预拼装,立式预拼装节段不少于“1+1”,并按设计和有关技术规范要求进行分阶段验收。

9)索塔钢壳内钢筋连接应符合设计及专用制造规则要求。

10)钢壳“板单元”的拼装应满足设计及专用制造规则要求。

注:①项次1)钢板厚度按《热轧钢板和钢带的尺寸、外形、重量及允许偏差》(GB/T 709—2019)中的C类要求控制,即不允许出现厚度负偏差,是符合规范要求的,同时也是设计文件提出的具体要求。②项次8)明确了工厂预拼装的形式要求,即真实模拟桥位现场的立式预拼装;索塔钢壳为薄壳结构,不允许采用卧式拼装。

2　实测项目

索塔钢壳制作实测项目应符合表4.5.1的规定。

表4.5.1　索塔钢壳制作实测项目

<table>
<tr><th>项次</th><th colspan="2">检查项目</th><th>规定值或允许偏差</th><th>检查方法和频率</th></tr>
<tr><td>1</td><td colspan="2">节段长度/mm</td><td>±2</td><td>尺量:逐段,每节段2点</td></tr>
<tr><td rowspan="2">2△</td><td rowspan="2">外箱口尺寸/mm</td><td>宽度</td><td>±2</td><td>尺量:逐段,每端面纵、横向各2点</td></tr>
<tr><td>高度</td><td>±1</td><td>尺量:逐段,上下端口拉十字线,量取1点</td></tr>
</table>

续表 4.5.1

<table>
<tr><th>项次</th><th colspan="2">检查项目</th><th>规定值或允许偏差</th><th>检查方法和频率</th></tr>
<tr><td>3</td><td colspan="2">拼接错台/mm</td><td>≤2</td><td>尺量:逐段,每侧面,量取最大值</td></tr>
<tr><td>4△</td><td colspan="2">内外壁间距/mm</td><td>符合设计要求</td><td>尺量:每段、每侧面检查 2 处</td></tr>
<tr><td>5</td><td>对角线差/mm</td><td>外箱口</td><td>±3</td><td>尺量:逐段,上下端面量取 2 个对角线之差</td></tr>
<tr><td>6</td><td>旁弯/mm</td><td>外壁板</td><td>≤3</td><td>紧线器、全站仪、钢板尺检查:逐段、每外侧面 1 处</td></tr>
<tr><td rowspan="2">7</td><td rowspan="2">面板平面度/mm</td><td>外壁板</td><td>4 mm/4 m</td><td rowspan="2">平尺、钢板尺检查:逐段,内外壁板侧面</td></tr>
<tr><td>内壁板</td><td>12 mm/4 m</td></tr>
<tr><td>8</td><td>扭曲/mm</td><td>外壁板</td><td>≤1/1 000</td><td>垂球、钢尺、水准仪检查:逐段</td></tr>
<tr><td>9</td><td colspan="2">套管孔中心位置偏差/mm</td><td>±2</td><td>尺量:逐孔检查</td></tr>
<tr><td rowspan="3">10△</td><td rowspan="3">高强螺栓栓孔/mm</td><td>孔径</td><td>+0.7,0</td><td>试孔器:100%通过
尺量:每节点抽查 10%,且不小于 5 个</td></tr>
<tr><td>相邻孔距</td><td>±0.5</td><td>尺量:全数检查</td></tr>
<tr><td>孔群中心距</td><td>±0.8</td><td>尺量:全数检查</td></tr>
<tr><td rowspan="2">11△</td><td rowspan="2">端面垂直度/mm</td><td>横桥向</td><td>≤1/10 000</td><td rowspan="2">激光跟踪仪(API):逐端面</td></tr>
<tr><td>顺桥向</td><td>≤1/10 000</td></tr>
</table>

续表 4.5.1

项次	检查项目	规定值或允许偏差	检查方法和频率
12	焊缝尺寸/mm	符合设计要求	量规:全数检查,每焊缝 3 处
13△	焊缝探伤		超声法:检查全部 射线法:按设计要求;设计未要求时按 10%抽查,且不小于 3 条
14△	高强度螺栓扭矩/(N·m)	±10%	扭矩扳手:每节点检查 5%,且不少于 2 个

注:①JTG F80/1—2017 中无“钢塔”“钢壳混凝土塔”结构,本节参照 JTG F80/1—2017 中表 8.9.1-4、表 8.8.6-1、表 8.10.1-1,并参考了南京长江五桥、浦仪夹江桥等斜拉桥索塔钢壳、钢塔等相关技术标准编制。

②进一步细化了检查方法如高度检测上下端口拉十字线、量取 1 点,适当提高了检查频率如结构尺寸提高到了每侧面 2 处。

③索塔钢壳节段加工的长度、宽度、节段匹配偏差、套管孔中心位置允许偏差为±2 mm,节段顶底面对角线允许偏差为±3 mm,高度的允许偏差为±1 mm,节段扭曲度<1/1 000 mm,均为设计文件要求,制造时应严格确保。

3 外观质量

1)钢壳内外表面不得有凹陷划痕、焊疤、电弧擦伤等缺陷,外露边缘应无毛刺。

2)焊缝应无裂纹、焊瘤、气孔、夹渣、未焊透、电弧擦伤、未填满弧坑及设计不允许出现的外观缺陷,构件表面无焊渣和飞溅物。

4 适用范围

适用于黄河特大桥主桥钢-混组合索塔的钢壳制作。

4.5.2 钢横梁和钢锚梁制作

1 基本要求

1)钢横梁和钢锚梁单元件、临时吊点等的加工尺寸和精度应符合设计和有关技术规范的要求。

2)施焊人员必须具有焊接资格和上岗证,焊缝探伤检测结果应全部合格。

3)钢横梁和钢锚梁制作前必须进行焊接工艺评定试验和制造规则评审,并制订实施性焊接施工工艺。

4)焊缝探伤检测仪器必须标定,应按设计和规范要求的探伤方法、频率、范围和检验等级进行无损探伤。检测结果应全部合格。同一部位的焊缝返修不宜超过两次,返修后的焊缝应按原质量标准进行复验,并且合格。

5)钢横梁和钢锚梁必须进行预拼装,并按设计和有关技术规范要求进行验收。工地安装施工人员应参加预拼装及验收。

6)钢横梁和钢锚梁单元件以及钢横梁和钢锚梁的存放,应防止变形、碰撞损伤和损坏,不得采用变形单元件。

2 实测项目

钢横梁、钢锚梁制作实测项目应符合表 4.5.2-1、表 4.5.2-2 的规定。

表 4.5.2-1 钢横梁制作实测项目

项次	检查项目		规定值或允许偏差	检查方法和频率
1△	断面尺寸/mm	宽度、高度	±2	尺量:测两端口
		对角线差	≤3	
2	梁长/mm		±5	尺量:测顶板中心及底板中心
3	旁弯/mm		3	拉线用尺量:测中部、四分点 3 处
4	扭曲/mm		≤3	置于平台,四角中有三角接触平台,用尺量另一角与平台间隙

续表 4.5.2-1

项次	检查项目	规定值或允许偏差	检查方法和频率
5	焊缝尺寸/mm	符合设计要求	量规:检查全部,每焊缝3处
6△	焊缝探伤		超声法:检查全部 射线法:按设计要求;设计未要求时按10%抽查,且不小于3条
7	与索塔节段匹配性/mm	≤2	尺量:每节段每端口测8处

注:JTG F80/1—2017 中无“索塔钢横梁”结构,本节参照 JTG F80/1—2017 中表 8.9.1-4、表 8.10.1-2,并参考了南京长江五桥、浦仪夹江桥等斜拉桥索塔钢壳混凝土组合塔、钢塔的钢横梁等相关技术标准编制。

表 4.5.2-2　钢锚梁制作实测项目

项次	检查项目	规定值或允许偏差	检查方法和频率
1	梁长/mm	±2	钢尺:测两端腹板处
2△	腹板中心距/mm	±2	钢尺:测两端两腹板中心距
3	横断面对角线差/mm	≤3	钢尺:测两端断面
4	旁弯/mm	3	拉线用尺量:测中部、四分点3处
5	扭曲/mm	≤2	置于平台,四角中有三角接触平台,用尺量另一角与平台间隙

续表 4.5.2-2

项次	检查项目	规定值或允许偏差	检查方法和频率
6	锚点坐标/mm	±2	全站仪、钢尺：检查每锚垫板，由水平及相互垂直的锚孔中心线与锚垫板边线交点坐标推算
7	锚面角度/(°)	≤0.5	角度仪：检查每锚垫板与水平面、立面的夹角，各测3处
8	焊缝尺寸/mm	符合设计要求	量规：检查全部，每焊缝3处
9△	焊缝探伤		超声法：检查全部 射线法：按设计要求；设计未要求时按10%抽查，且不小于3条
10△	高强螺栓扭矩/(N·m)	±10%	扭矩扳手：检查5%，且不少于2个

注：本表参照 JTG F80/1—2017 表 8.10.2-1 及设计文件编制。

3 外观质量

1）钢横梁、钢锚梁内外表面不得有凹陷划痕、焊疤、电弧擦伤等缺陷，边缘应无毛刺。

2）焊缝均应无裂纹、焊瘤、气孔、夹渣、电弧擦伤、未焊透、未填满弧坑及设计不允许出现的外观缺陷，构件表面无焊渣和飞溅物。

3）栓钉围焊焊缝不得出现缺漏，高强螺栓终拧后丝扣外露应为2~3扣，不符合的不应超过10%，设计另有规定的除外。

4 适用范围

适用于黄河特大桥主桥索塔钢横梁和钢锚梁制作。

4.5.3 索塔钢壳、钢横梁和钢锚梁的防护

1 基本要求

1）涂层体系应满足设计要求，采用的涂敷系统应在车间或现

场的工艺试验验证后方可施工。

2)应按设计要求对钢构表面进行处理,涂装前钢构表面应保持干燥,无灰尘、油污、油脂、氧化皮、锈斑及其他污物。出现返锈、灰尘污染时应重新处理。

3)涂装过程中的环境条件、每层涂装时间间隔以及使用的机具设备等均应满足涂装工艺和涂装材料的要求。

4)在完成前一道涂敷后,其干膜厚度应经检验合格,方可进行下一道涂敷。

5)损坏的防护涂层应修复至原样,并经复检合格。

2 实测项目

索塔钢壳、钢横梁和钢锚梁的防护实测项目应符合表 4.5.3 的规定。

表 4.5.3 索塔钢壳、钢横梁和钢锚梁的防护实测项目

项次	检查项目	规定值或允许偏差	检查方法和频率
1△	除锈等级	满足设计要求	样板对比:全部检查
2△	粗糙度 R_z/μm	满足设计要求	按设计要求检查; 设计未要求时用对比样块:全部检查
3	总干膜厚度/μm	满足设计要求;设计未要求时,按“90-10”原则	按设计要求检查; 设计未要求时用测厚仪检查:抽查 20%且不少于 5 件,每 10 m^2 测 10 点,且不少于 10 点
4	附着力/MPa	满足设计要求	按设计要求检查; 设计未要求时用拉开法检查:抽查 5%且不少于 5 件,每件测 1 处

注:①本表参照 JTG F80/1—2017 表 8.9.3 及设计文件编制。

②“90-10”原则指:干膜厚度小于设计值的测点数量≤10%,任意测点的干膜厚度≥设计值的 90%。

3　外观质量

1）涂层流挂、皱皮、水纹印的最大面积应不大于 100 mm^2，在任何 1 m^2 范围内不得多于 1 块。

2）涂装后不得出现起泡、裂纹、起皮、大熔滴、松散粒子、裂纹、掉块及返锈，应无漏涂。

注：钢结构涂装外观质量要求在 JTG F80/1—2017 基础上提高了指标要求，涂层流挂、皱皮、水纹印外观质量问题的最大面积从 900 mm^2（30 mm×30 mm）提高到了 100 mm^2（10 mm×10 mm），每平方米出现以上外观质量问题的数量提高了指标要求，从 2 块提高到了 1 块。现阶段钢结构涂装工艺改进完善、自动化程度日益提高，钢结构涂装外观质量指标要求适当提高，是能够达到这一目标的，除有利于整体美观，还有利于钢结构防腐耐久性。

4　适用范围

适用于黄河特大桥主桥钢-混组合索塔的索塔钢壳、钢横梁和钢锚梁防护。

4.5.4　首节索塔钢壳安装

1　基本要求

1）钢索塔的构件在工厂制作时应进行立式试拼装，试拼装合格后方可启运，并根据不同的运输方式对构件进行必要的临时加固和保护，节段构件安装的吊点、导向及临时匹配件宜在厂内制作时设置。

2）钢壳运输、吊装过程中构件不应出现设计不允许的变形、碰撞损伤或漆面损坏，严禁在工地安装已变形构件。

3）定位钢支架用螺杆、螺母、止退螺母、垫圈、防水帽、螺杆材料应符合设计要求，螺母应与螺杆进行配装，须能够顺利旋合。

4）各部位的热处理及防护处理应符合设计要求。螺杆防护涂装前应除去螺杆表面氧化皮，将螺杆表面清洗干净，并在清洗干净 1 h 内进行涂装施工。

5）混凝土支墩强度满足设计要求后方可开始钢支架安装。

6）钢支架精准调位并验收合格后，方可浇筑预留孔及调平层环氧砂浆。

7）调平层环氧砂浆强度应满足设计要求，厚度不小于100 mm。

8）底节索塔钢壳精准调位后，应连续观测不少于3 d，稳定后方可浇筑混凝土。

2 实测项目

首节索塔钢壳安装实测项目应符合表4.5.4的规定。

表4.5.4 首节索塔钢壳安装实测项目

项次	检查项目		规定值或允许偏差	检查方法和频率
1△	轴线平行偏差/mm	横桥向	5	全站仪：每节段4处
		顺桥向	5	
2	定位座横桥向与理论横桥向轴线偏差/mm		2	全站仪：每节段2处
3	定位座纵桥向与理论纵桥向轴线偏差/mm		1	全站仪：每节段2处
4	定位座顶面高程/mm		±5	水准仪：每节段4处
5△	相邻两定位座高程偏差/mm	横桥向	1	水准仪：每节段4处
		顺桥向	2.4	水准仪：每节段4处

注：①JTG F80/1—2017中无钢-混组合索塔钢壳安装及底节钢壳安装相关内容，本表按设计文件相关要求编制，其中项次2、项次3要求均较南京长江五桥提高了1 mm。

②项次4定位座顶面高程（mm）允许偏差值，暂定为±5 mm，或（0，+5）mm，有待进一步核实。

3 外观质量

1）索塔钢壳安装后，内外表面不得有凹陷划痕、焊疤、电弧擦伤等缺陷,边缘应无毛刺。焊缝应无裂纹、焊瘤、气孔、夹渣、未焊透、电弧擦伤、未填满弧坑及设计不允许出现的外观缺陷。

2)运输、安装过程中出现的外观质量损坏,应按原防护涂装设计要求进行修补并对修复部位重新进行检验。

4 适用范围

适用于黄河特大桥主桥钢-混组合塔的首节钢壳安装。

4.5.5 索塔钢壳标准节段及钢横梁安装

1 基本要求

1)索塔钢壳标准节段及钢横梁的构件在工厂制作时应进行试拼装,试拼装合格后方可启运,并根据不同的运输方式对构件进行必要的临时加固和保护,节段构件安装的吊点及临时匹配件宜在厂内制作时设置。

2)安装施工前应编制详细的节段构件吊装施工工艺,并应核对各节段构件的编号和起吊重量。在吊装前应对节段构件起吊的稳定性进行验算。

3)倾斜索塔架设时,应验算索塔内力,控制成塔线形,分高度设置水平横撑或拉杆。在架设安装过程中,应分阶段对已成的索塔采取必要的抑振措施。

4)节段现场吊装,应在匹配件处于半接触状态时,进行定位冲钉施打。应首先施打带凹槽一侧匹配件的冲钉,再施打其他匹配件的冲钉。应保证定位冲钉顺利打入,安装完毕后相邻节段匹配件应确保相互接触。

5)钢壳运输、吊装过程中构件不应出现设计不允许的变形、碰撞损伤或漆面损坏,严禁在工地安装已变形构件。现场涂装质量按制造阶段涂装要求办理。

6)体内、体外预应力束张拉顺序应严格按设计规定进行,张拉时应保证结构或构件对称均匀受力。

7)高强螺栓连接摩擦面的抗滑移系数应进行检验,检验结果应满足设计要求。

2 实测项目

实测项目应符合表 4.5.5-1、表 4.5.5-2 的规定。

表 4.5.5-1 索塔钢壳标准节段安装实测项目

<table>
<tr><th>项次</th><th colspan="2">检查项目</th><th>规定值或允许偏差</th><th>检查方法和频率</th></tr>
<tr><td>1△</td><td colspan="2">轴线偏位/mm</td><td>≤10,且相对前一节段≤5</td><td>全站仪:测每节段顶面边线与两轴线交点</td></tr>
<tr><td rowspan="2">2</td><td rowspan="2">倾斜度/mm</td><td>纵桥向</td><td rowspan="2">≤1/3 000 塔高,且≤30</td><td rowspan="2">全站仪:纵、横向各测 2 处</td></tr>
<tr><td>横桥向</td></tr>
<tr><td>3</td><td colspan="2">节段间错台/mm</td><td>≤2</td><td>尺量:每节段、每侧壁板 2 处,取最大值</td></tr>
<tr><td>4</td><td colspan="2">顶面高程/mm</td><td>±2.0n(n 为节段数),且≤20</td><td>全站仪:每节段 4 处</td></tr>
<tr><td>5</td><td colspan="2">塔柱中心距(接头部位)/mm</td><td>±4.0</td><td>全站仪:每节段 4 处</td></tr>
<tr><td>6△</td><td colspan="2">斜拉索锚固点高程/mm</td><td>±10</td><td>全站仪:每锚固点 1 处</td></tr>
<tr><td>7</td><td colspan="2">焊缝尺寸/mm</td><td rowspan="2">符合设计要求</td><td>量规:检查全部,每焊缝 3 处</td></tr>
<tr><td>8△</td><td colspan="2">焊缝探伤</td><td>超声法:检查全部
射线法:按设计要求;设计未要求时按 10%抽查,且不小于 3 条</td></tr>
</table>

注:项次 2 倾斜度指标,设计要求(制造阶段立式拼装倾斜度指标按 1/6 000 塔高控制,现场安装阶段纵、横向均按 1/3 000 塔高控制);《公路工程质量检验评定标准 第一册 土建工程》(JTG F80/1—2017),混凝土索塔倾斜度(全高:1/3 000 塔高且不大于 30 mm),无钢索塔及钢-混组合索塔相关内容;《公路桥涵施工技术规范》(JTG/T 3650—2020),对混凝土索塔及钢索塔均无具体指标要求;已废止的《公路桥涵施工技术规范》(JTG/T F50—2011),混凝土索塔倾斜度(总体:1/3 000 塔高且不大于 30 mm;节段:1/1 000 塔高且不大于 8 mm),钢索塔倾斜度(纵横向:1/4 000 塔高)。

表 4.5.5-2 索塔钢横梁安装实测项目

项次	检查项目	规定值或允许偏差	检查方法和频率
1	两塔柱横梁中心处高程相对差/mm	10	全站仪或水准仪:每节段 4 处
2	顶面高程/mm	±20	全站仪:测 5 处
3△	高强螺栓扭矩/(N·m)	±10%	扭矩扳手:检查 10%,且不少于 2 个
4	焊缝尺寸/mm	符合设计要求	量规:检查全部,每焊缝 3 处
5△	焊缝探伤		超声法:检查全部 射线法:按设计要求;设计未要求时按 10% 抽查,且不小于 3 条

3 外观质量

1)安装完成架设后应无明显弯折现象。

2)钢构件内外表面不得有凹陷、划痕、焊疤,边缘应无毛刺。

3)钢构件表面防护涂层应无破损,现场涂装质量按制造阶段涂装要求办理。

4)焊缝应无裂纹、焊瘤、夹渣、未焊透、电弧擦伤、未填满弧坑及设计不允许出现的外观缺陷,构件表面无焊渣和飞溅物。

5)终拧后高强螺栓丝扣外露应为 2~3 扣,不符合的不应超过 10%,设计另有规定的除外。

4 适用范围

适用于黄河特大桥主桥钢-混组合索塔钢壳标准节段、钢横梁安装。

4.5.6 钢-混组合索塔混凝土浇筑

1 基本要求

1)索塔钢壳内腔洁净,无积水、垃圾等各类杂物,前一节段顶面混凝土凿毛至新鲜骨料并清理干净,各类临时预埋件已全部切除并按要求进行了表面处理。

2)混凝土应具有低泡、大流动、延后初凝及补偿收缩等良好的性能。

3)应采取措施降低混凝土自由坠落高度不大于 1.0 m,防止混凝土离析。

4)索塔钢壳内各区域混凝土应对称、均衡浇筑。

5)夏季高温季节在浇筑混凝土前应采取措施对钢壳表面及内腔进行适当降温,确保浇筑前钢壳温度不高于 50 ℃,必要时安排在夜间低温时段浇筑;冬季低温季节应对钢壳表面及内腔进行适当保温,确保浇筑前钢壳温度不低于 5 ℃,并根据施工期间的环境条件,制订针对性的保湿、保温养护措施。

6)上塔柱索道孔、钢锚梁位置及锚梁锚固面与水平面的交角均应控制准确,锚垫板与孔道必须相互垂直。

7)应采取可靠检测手段对混凝土脱空率进行有效检测。

2 实测项目

钢-混组合索塔混凝土浇筑实测项目应符合表 4.5.6 的规定。

表 4.5.6 钢-混组合索塔混凝土浇筑实测项目

项次	检查项目	规定值或允许偏差	检查方法和频率
1△	混凝土强度/MPa	在合格标准内	按 JTG F80/1—2017 附录 D 检查
2△	孔道位置/mm	≤10,且两端同向	尺量:测每孔道

续表 4.5.6

项次	检查项目	规定值或允许偏差	检查方法和频率
3	锚固点高程/mm	±10	全站仪:测每锚固点
4	预埋件位置/mm	≤5	尺量:测每件
5△	混凝土脱空率/%	满足设计要求;设计未要求时≤1.2	敲击法或超声法:检查全部

注:①JTG F80/1—2017 中无钢-混组合索塔钢壳混凝土浇筑相关内容,参照 JTG F80/1—2017 表 8.8.6-3、本项目设计文件,并参考南京长江五桥等技术文件编制。

②从南京长江五桥钢壳混凝土索塔、深中通道钢壳混凝土沉管等项目施工过程中的检测情况看,混凝土脱空率检测是钢-混组合结构中检测难度较大的一个技术指标,后期需进一步开展专题科研,研究检测方法、检测精度,制订更加合理的混凝土脱空率技术指标。

3 外观质量

1)混凝土表面不应存在《公路工程质量检验评定标准 第一册 土建工程》(JTG F80/1—2017)附录 P 所列限制缺陷。

2)应无建筑垃圾、杂物和临时预埋件。

4 适用范围

适用于黄河特大桥主墩钢-混组合索塔混凝土浇筑。

4.5.7 钢锚梁安装

1 基本要求

1)工地安装焊缝应进行焊接工艺评定,评定结果应符合相关技术规范的规定,制订实施性焊接施工工艺。

2)应按设计要求的程序进行安装。

3)同一部位的焊缝返修不得超过两次,返修后的焊缝应按原质量标准进行复检,并且应合格。

4)钢锚梁节段应进行预拼装,并验收合格后方可在工地安装。

5)高强螺栓连接摩擦面的抗滑移系数应进行检验,检验结果应满足设计要求。

6)钢锚梁吊索具应符合设计及规范要求。

7)钢锚梁运输、吊装过程中构件不应出现设计不允许的变形、碰撞损伤或漆面损坏,严禁在工地安装已变形的构件。现场涂装质量按制造阶段涂装要求办理。

2 实测项目

钢锚梁安装实测项目应符合表4.5.7的规定。

表4.5.7 钢锚梁安装实测项目

<table>
<tr><th>项次</th><th colspan="2">检查项目</th><th>规定值或
允许偏差</th><th>检查方法和频率</th></tr>
<tr><td>1</td><td colspan="2">中心线偏位/mm</td><td>≤5</td><td>全站仪:每段纵、横向各测2点</td></tr>
<tr><td rowspan="2">2</td><td rowspan="2">位置偏差/mm</td><td>横桥向</td><td rowspan="2">≤5</td><td rowspan="2">全站仪:每段纵、横向各测2点</td></tr>
<tr><td>顺桥向</td></tr>
<tr><td>3</td><td colspan="2">顶面高程/mm</td><td>±2n,
且不超过±10</td><td>全站仪:测四角</td></tr>
<tr><td rowspan="2">4</td><td rowspan="2">钢牛腿/mm</td><td>上承板上表面四角高差</td><td>≤1</td><td>水准仪:每件测四角高程后反算</td></tr>
<tr><td>上下相邻预埋钢板错边量</td><td>≤0.5</td><td>尺量:每处测1点</td></tr>
<tr><td>5△</td><td colspan="2">钢锚梁与支承面的接触率</td><td>满足设计要求</td><td>塞尺:检查各支承面</td></tr>
<tr><td>6</td><td colspan="2">焊缝尺寸/mm</td><td rowspan="2">满足设计要求</td><td>量规:检查全部,每条焊缝检查3处</td></tr>
<tr><td>7△</td><td colspan="2">焊缝探伤</td><td>超声法:检查全部
射线法:按设计要求;设计未要求时按10%抽查,且不小于3条</td></tr>
</table>

注:项次3中的 n 为节段数,设计文件中规定的各钢锚梁锚固点高程偏差限值均为±2 mm。

3 外观质量

1)钢锚梁的防护应无破损。

2)钢锚梁内外表面不得有凹陷、划痕、焊疤,边缘应无毛刺。

3)焊缝应无裂纹、焊瘤、夹渣、电弧擦伤、未焊透、未填满弧坑及设计不允许出现的外观缺陷,构件表面无焊渣和飞溅物。

4)高强螺栓终拧后丝扣外露应为2~3扣,不符合的不应超过10%,设计另有规定的除外。

4 适用范围

适用于黄河特大桥钢-混组合索塔的钢锚梁安装。

4.6 钢绞线斜拉索

1 基本要求

1)钢绞线斜拉索应按《桥梁用填充型环氧涂层钢绞线拉索》(JT/T 1063—2016)及《斜拉桥钢绞线拉索技术条件》(GB/T 30826—2014)的要求进行外观、长度、超张拉、弹性模量、静载、动载、疲劳性能等检测。斜拉索要求使用寿命不小于50年,并具有可换性。

2)锚具、夹片、钢绞线等各类构件几何尺寸与机械性能须符合产品技术标准要求,环氧涂层材质及产品应满足相应技术标准要求。

3)HDPE外套管焊接长度要完全包裹住索体,热膨胀延伸管和主管应有足够的搭接长度。索体内不得出现钢绞线夹片咬痕。

4)钢绞线和锚具、夹片应满足疲劳静载试验要求,满足水密性试验要求,钢绞线每米防腐油脂重量应符合设计要求。

5)防护罩灌油、HDPE外套管的耐老化性能应符合设计及规范要求。

2 实测项目

钢绞线斜拉索制作及安装实测项目应符合表4.6的规定。

表 4.6　钢绞线斜拉索制作及安装实测项目

<table>
<tr><th>项次</th><th colspan="2">检查项目</th><th>规定值或允许偏差</th><th>检查方法和频率</th></tr>
<tr><td>1</td><td colspan="2">HDPE 套管焊接长度</td><td>±2%</td><td>钢尺量:每根 1 次</td></tr>
<tr><td>2</td><td colspan="2">钢绞线截面面积/mm</td><td>±2%</td><td>游标卡尺:每束抽 10%,每根 1 处</td></tr>
<tr><td>3</td><td colspan="2">钢绞线环氧涂层厚度/μm</td><td>满足设计要求</td><td>测厚仪:每束抽 10%,每根 1 处</td></tr>
<tr><td>4</td><td colspan="2">锚头防腐厚度/μm</td><td>满足设计要求</td><td>测厚仪:抽查 10%</td></tr>
<tr><td rowspan="3">5</td><td rowspan="3">索力/kN</td><td>单根张拉后各钢绞线的离散误差</td><td>满足设计及监控要求;无要求时±2%</td><td>测力仪:测每根索</td></tr>
<tr><td>整体张拉后各钢绞线的离散误差</td><td>满足设计及监控要求;无要求时±1%</td><td>测力仪:测每根索</td></tr>
<tr><td>拉索索力实测值与设计值的偏差</td><td>满足设计及监控要求;无要求时±5%</td><td>测力仪:测每根索</td></tr>
</table>

3　外观质量

1) HDPE 管无破损,钢绞线环氧涂层应无破损,如有破损应进行修复并重新检验合格。

2) 同一根索中各钢绞线无打绞。

3) 夹片安装平齐,夹片外露不超过 4 mm,同一副夹片左右两片错台不超过 2 mm。

4) 锚具和盖帽严密,无锈蚀、漏油等问题。

4　适用范围

适用于黄河特大桥主桥斜拉索制作及安装。

4.7 主桥钢–混组合梁

4.7.1 钢梁制造及安装

1 基本要求

1)钢梁或钢梁的杆件、零件、临时吊点和养护车轨道吊点的加工尺寸及组装精度应满足设计要求并符合有关技术规范的规定,分阶段检查验收合格后方可进行下一道工序。

2)钢梁或梁段制作前应进行焊接工艺评定,评定结果应符合相关技术规范的规定,并制订实施性焊接施工工艺。

3)同一部位的焊缝返修不得超过2次,返修后的焊缝应按原质量标准进行复验,并且合格。

4)剪力钉的规格型号、位置、数量及焊接作业环境、焊接质量应满足设计及规范要求。

5)高强螺栓连接摩擦面的抗滑移系数应进行检验,检验结果应满足设计要求。摩擦面应保持干燥、整洁,安装出现间隙时的处理应符合相关技术规范的规定。

6)钢梁梁段必须在稳固可靠并经验收的胎架上进行,应进行不少于5+1个节段的厂内预拼装,并按设计要求和有关技术规范的规定进行验收。

7)钢梁或梁段及其零件的移动、存放不应出现不允许的变形、碰撞损伤和漆面损坏,不得使用变形零件。

8)排水设施、灯座、护栏、路缘石、栏杆柱预埋件和剪力键等均应按设计文件安装完成,无遗漏且位置准确。

2 实测项目

实测项目应符合表4.7.1-1~表4.7.1-3的规定。

表 4.7.1-1 主桥边主梁制作实测项目

<table>
<tr><th>项次</th><th colspan="2">检查项目</th><th>规定值或允许偏差</th><th>检查方法和频率</th></tr>
<tr><td>1</td><td colspan="2">梁段长度/mm</td><td>±2</td><td>钢尺:测中心线及两侧</td></tr>
<tr><td rowspan="4">2△</td><td rowspan="4">端口尺寸/mm</td><td>宽度/mm</td><td>±2</td><td rowspan="4">钢尺:测两端</td></tr>
<tr><td>中心高/mm</td><td>±2</td></tr>
<tr><td>边高/mm</td><td>±2</td></tr>
<tr><td>横断面对角线差/mm</td><td>≤3</td></tr>
<tr><td rowspan="2">3</td><td rowspan="2">锚箱</td><td>锚点坐标/mm</td><td>±2</td><td>全站仪、钢尺:检查每锚垫板,由水平及相互垂直的锚孔中心线与锚垫板边线交点坐标推算</td></tr>
<tr><td>锚面角度/(°)</td><td>≤0.5</td><td>角度仪:检查每锚垫板与水平面、立面的夹角,各测3处</td></tr>
<tr><td rowspan="3">4△</td><td rowspan="3">梁段匹配性</td><td>纵桥向中心线偏位/mm</td><td>≤1</td><td>钢尺:测每段</td></tr>
<tr><td>顶板、底板、腹板对接间隙/mm</td><td>+3,-1</td><td>钢尺:测各对接断面</td></tr>
<tr><td>顶板、底板、腹板对接错边/mm</td><td>≤2</td><td>钢尺:测各对接断面</td></tr>
</table>

续表 4.7.1-1

项次	检查项目	规定值或允许偏差	检查方法和频率
5	焊缝尺寸/mm	满足设计要求	量规:检查全部,每条焊缝检查3处
6△	焊缝探伤		超声法:检查全部 射线法:按设计要求;设计未要求时按10%抽查,且不小于3条
7△	栓钉焊接弯曲裂纹	无裂纹	目测,锤击弯曲30°后观察焊缝和热影响区:各栓钉群测1%,且不少于1个
8△	高强螺栓扭矩/(N·m)	±10%	扭矩扳手:检查5%,且不少于2个
9	风嘴直线度偏差/mm	≤L/2 000,且≤5	拉线、尺量:测各风嘴边缘
10	梁段平面度/mm	≤3	拉线、测量:测每梁段
11	内腹板位置/mm	±2	全站仪:测中心线的偏差
12	内腹板间距/mm	±3	钢尺:每梁段端口腹板中心距
13	横隔板间距/mm	±2	钢尺:每梁段测4处

注:①JTG F80/1—2017中无斜拉桥箱型边主梁实测项目,参照规范表8.9.1-4结合本项目箱型边主梁结构设计及具体要求编制。

②考虑到箱型边主梁断面尺寸较全副钢箱梁要小得多,项次2端口尺寸中的宽度允许偏差较(JTG F80/1—2017)要求±4 mm提高到了±2 mm,横断面对角线差允许偏差较(JTG F80/1—2017)要求≤6 mm提高到了≤3 mm。

③所有钢结构的高强螺栓栓孔制孔精度要求均按施工技术规范执行,在本检验评定标准中不一一列举。

表 4.7.1-2　主桥工字梁段制作实测项目

项次	检查项目		规定值或允许偏差	检查方法和频率
1△	梁高/mm	横梁	±1.5	钢尺:每梁段测两端
2	梁长/mm	横梁	±1.5	钢尺:每梁段测中心线处
3	梁宽/mm	横梁	±1.5	钢尺:每梁段测两端
4	腹板平面度/mm	横梁	≤h/500,且≤5	平尺及塞尺:每梁段测 3 处
5△	盖板、腹板对接错边/mm		≤2	钢尺:测各对接断面
6	焊缝尺寸/mm		满足设计要求	量规:检查全部,每条焊缝检查 3 处
7△	焊缝探伤			超声法:检查全部 射线法:按设计要求;设计未要求时按 10% 抽查,且不小于 3 条
8△	栓钉焊接弯曲裂纹		无裂纹	目测,锤击弯曲 30°后观察焊缝和热影响区:各栓钉群测 1%,且不少于 1 个
9△	高强螺栓扭矩/(N·m)		±10%	扭矩扳手:检查 5%,且不少于 2 个

注:①JTG F80/1—2017 中表 8.9.1-5 主要针对工字梁作为边主梁,对于本项目大横梁工字梁具有一定的参考意义,取其中的“横梁”对应项。

②h 为梁高,计算规定值或允许偏差时以 mm 计。

表 4.7.1-3　组合梁斜拉桥钢梁段悬臂拼装实测项目

项次	检查项目		规定值或允许偏差	检查方法和频率
1	轴线偏位/mm	L>200 m	≤L/20 000	全站仪:每段测 2 处
2	相邻节段对接错边/mm		≤2	尺量:每段接缝最大值
3△	索力/kN		满足设计和施工控制要求	测力仪:测每根索
4△	梁锚固点高程或梁顶高程/mm	梁段	满足施工控制要求	水准仪:测每个锚固点或梁段顶面 2 处
		两主梁高差	≤10	
5	塔顶偏位/mm		满足设计及施工控制要求;未要求时,纵向≤30,横向≤20	全站仪:测塔顶各边中点
6	焊缝尺寸/mm		符合设计要求	量规:检查全部,每焊缝 3 处
7△	焊缝探伤			超声法:检查全部 射线法:按设计要求;设计未要求时按 10%抽查,且不小于 3 条
8△	高强螺栓扭矩/(N·m)		±10%	扭矩扳手:检查 5%,且不少于 2 个

注:L 为梁段长度,计算规定值或允许偏差时以 mm 计。

3　外观质量

1) 斜拉索的钢绞线不应出现缠绕扭结，斜拉索、锚具防护不得出现裂纹、破损。

2) 钢梁线形不得出现异常弯折。

3) 钢梁内外表面不得有凹陷、划痕、焊疤，边缘应无毛刺。

4) 焊缝应无裂纹、焊瘤、夹渣、电弧擦伤、未焊透、未填满弧坑及设计不允许出现的外观缺陷，构件表面无焊渣和飞溅物。

5) 高强螺栓终拧后丝扣外露应为2~3扣，不符合的不应超过10%，设计另有规定的除外。

6) 栓钉围焊焊缝不得出现缺漏。

4　适用范围

适用于黄河特大桥钢-混组合梁钢梁制造及安装。

4.7.2　混凝土桥面板预制及安装

1　基本要求

1) 混凝土桥面板的浇筑或安装程序应满足设计要求。

2) 施工过程中，当索力和高程超过设计允许偏差时，应按监控要求进行调整。

3) 混凝土浇筑前，应清除连接件和钢板上的锈蚀、污垢，表面应清洁。

2　实测项目

组合梁斜拉桥混凝土板实测项目应符合表4.7.2的规定。

表4.7.2　组合梁斜拉桥混凝土板实测项目

项次	检查项目	规定值或允许偏差	检查方法和频率
1△	混凝土强度/MPa	在合格标准内	按JTG F80/1—2017附录D检查

续表 4.7.2

项次	检查项目		规定值或允许偏差	检查方法和频率
2△	混凝土弹性模量/MPa		在合格标准内	按 JTG F80/1—2017 附录 D 检查
3△	混凝土板尺寸/mm	厚度	+10,0	尺量:每施工段测 2 个断面
		宽度	±30	
4	预制板安装偏位/mm		±5	尺量:测 30%预制板
5△	索力/kN	允许	满足设计和施工控制要求	测力仪:测每根索
		极值	满足设计和施工控制要求;未要求时,最大偏差≤10%设计值	
6△	高程/mm	L>200 m	±L/10 000	水准仪:每 30 m 测 1 处,每跨不少于 3 处
7	横坡/%		±0.15	水准仪:每 40 m 测 1 个断面,每跨不少于 3 个断面

注:L 为跨径,计算规定值或允许偏差时以 mm 计。

3 外观质量

1)混凝土表面不应存在 JTG F80/1—2017 附录 P 所列限制缺陷。

2)应无建筑垃圾、杂物和临时预埋件。

3)混凝土板与支承面不应出现缝隙。

4　适用范围

适用于黄河特大桥主桥钢-混组合梁桥面板预制及安装。

4.7.3　湿接缝浇筑

1　基本要求

1）湿接缝混凝土所用的砂、石、水泥、外掺料的质量和规格必须符合设计文件、施工控制和相关技术规范的要求。

2）湿接缝养护条件及养护时间应符合设计要求，设计未要求时取不小于 14 d。

3）湿接缝支架和模板的强度、刚度、稳定性应符合施工技术规范的规定，塞缝严密，不得漏浆。

2　实测项目

混凝土桥面板工地湿接缝实测项目应符合表 4.7.3 的规定。

表 4.7.3　混凝土桥面板工地湿接缝实测项目

项次	检查项目	规定值或允许偏差	检查方法和频率
1△	混凝土强度/MPa	在合格标准内	按 JTG F80/1—2017 附录 D 检查
2△	混凝土弹性模量/MPa	在合格标准内	按 JTG F80/1—2017 附录 D 检查
3	与相邻梁板间错台/mm	≤8	钢尺量：每条缝检测 4 处
4	顶面高程/mm	+8，0	水准仪：每块检查

注：项次 4 参照 JTG F80/1—2017 表 8.7.2-2，项次 3 混凝土梁桥相邻梁板顶面高差允许偏差（$L>40$ m，15 mm；$L\leqslant 40$ m，10 mm）制定，并参照南京五桥规定的 8 mm 制定，基于预制桥面板制造质量控制已较为完善成熟，钢梁节段、橡胶垫片尺寸基本固定，预制桥面板安装精度可控，所以湿接缝混凝土与相邻梁板间错台技术指标，可以较好地控制到该目标值。

3　外观质量

1) 混凝土表面不应存在 JTG F80/1—2017 附录 P 所列限制缺陷。

2) 应无建筑垃圾、杂物和临时预埋件。

3) 接缝处不得漏浆。

4　适用范围

适用于黄河特大桥主桥桥面板湿接缝浇筑。

4.7.4　桥面板预应力

按本标准"4.2　钢筋和预应力筋加工、安装及张拉"节执行。

4.8　副桥、跨堤桥箱型组合梁

4.8.1　钢梁制造及安装

1　基本要求

1) 钢梁或钢梁的杆件、零件、临时吊点和养护车轨道吊点的加工尺寸及组装精度应满足设计要求并符合有关技术规范的规定，分阶段检查验收合格后方可进行下一道工序。

2) 钢梁或梁段制作前应进行焊接工艺评定，评定结果应符合相关技术规范的规定，并制订实施性焊接施工工艺。

3) 同一部位的焊缝返修不得超过 2 次，返修后的焊缝应按原质量标准进行复验，并且合格。

4) 高强螺栓连接摩擦面的抗滑移系数应进行检验，检验结果应满足设计要求。摩擦面应保持干燥、整洁，安装出现间隙时的处理应符合相关技术规范的规定。

5) 钢梁梁段必须在稳固可靠并经验收的胎架上进行，应进行不少于 5+1 个节段的厂内预拼装，并按设计要求和有关技术规范的规定进行验收。

6) 钢梁或梁段及其零件的移动、存放不应出现不允许的变形、碰撞损伤和漆面损坏，不得使用变形零件。

7）钢梁采用顶推施工时，台座和滑道的中线应在桥轴线或其延长线上；导梁应在地面试装后，再在台座上安装，导梁与梁身应连接牢固；千斤顶及其他顶推设备在施工前应检查校正，采用多点顶推时各点顶推应同步；顶推过程中应对墩台沉降、位移及梁的偏位、导梁和梁的挠度等进行观测；顶推及落梁程序应满足设计要求，若梁体出现异常，应查明原因，在采取有效措施后，方可继续顶推。

8）排水设施、灯座、护栏、路缘石、栏杆柱预埋件和剪力键等均应按设计文件安装完成，无遗漏且位置准确。

2 实测项目

实测项目应符合表4.8.1-1～表4.8.1-3的规定。

表4.8.1-1 副桥、跨堤桥箱型组合梁制作实测项目

项次	检查项目		规定值或允许偏差	检查方法和频率
1△	梁高/mm	h>2 m	±4	钢尺：测两端腹板处
2	跨度/mm		±8	钢尺：测支承中心距离
3	全长/mm		±15	钢尺：测中心线处
4△	腹板中心距/mm		±3	钢尺：测两端两腹板中心距
5	横断面对角线差/mm		≤4	钢尺：测两端断面
6	旁弯/mm		3+L/10 000	拉线用尺量：测中部、四分点3处
7	拱度/mm		+10，−5	拉线用尺量：测中部、四分点3处
8	腹板平面度/mm		≤h/350，且≤5	平尺及塞尺：每腹板检查3处

续表 4.8.1-1

项次	检查项目	规定值或允许偏差	检查方法和频率
9	扭曲/mm	每米≤1,且每段≤5	置于平台,四角中有三角接触平台,用尺量另一角与平台间隙
10	对接错边/mm	≤2	钢尺:测各对接断面
11	焊缝尺寸/mm	满足设计要求	量规:检查全部,每条焊缝检查3处
12△	焊缝探伤		超声法:检查全部 射线法:按设计要求;设计未要求时按10%抽查,且不小于3条
13△	高强螺栓扭矩/(N·m)	±10%	扭矩扳手:检查5%,且不少于2个

注:①L为跨径,h为梁高,计算规定值或允许偏差时以mm计。

②本表参照JTG F80/1—2017表8.9.1-3编制。

③在JTG F80/1—2017表8.9.1-3的基础上,结合本项目副桥及跨堤桥钢梁结构设计特点,对项次8腹板平面度、项次9扭曲适当提高了要求,其中腹板平面度从JTG F80/1—2017要求"≤h/350,且≤8 mm"提高到了"≤h/350,且≤5 mm",扭曲从JTG F80/1—2017要求"每米≤1,且每段≤10 mm"提高到了"每米≤1,且每段≤5 mm",主要原因是副桥及跨堤桥箱型组合梁属"双钢箱边主梁+大横梁"结构,后续需安装预制桥面板、浇筑湿接缝后成为封闭结构,适当提高钢梁制造几何精度,有利于后期整体组合精度。

表 4.8.1-2　副桥、跨堤桥箱型组合梁安装实测项目

项次	检查项目		规定值或允许偏差	检查方法和频率
1	轴线偏位/mm	钢梁纵轴线	≤10	全站仪:每跨测3处
		两跨相邻端横梁中心线相对偏位	≤5	尺量:测各相邻端横梁
2	高程/mm	墩台处	±10	水准仪:每墩台测3处
		两跨相邻端横梁相对高差	≤5	水准仪、尺量:测各相邻端横梁
3	固定支座处支承中心偏位/mm	连续梁	≤10	尺量:测每固定支座
4	焊缝尺寸/mm		满足设计要求	量规:检查全部,每条焊缝检查3处
5△	焊缝探伤			超声法:检查全部 射线法:按设计要求;设计未要求时按10%抽查,且不小于3条
6△	高强螺栓扭矩/(N·m)		±10%	扭矩扳手:检查5%,且不少于2个

注:①本表参照 JTG F80/1—2017 表 8.9.2 编制。

②项次 3 固定支座处支承中心偏位在 JTG F80/1—2017 精度要求"连续梁,≤20 mm"的基础上适当提高至"连续梁,≤10 mm",副桥及跨堤桥支座安装精度提高,有利于各联连续梁成桥后整体受力状态,且施工测量精度及现场安装施工精度,都可以达到提高后的精度要求。

表 4.8.1-3 副桥、跨堤桥箱型组合梁顶推施工实测项目

<table>
<tr><th>项次</th><th colspan="2">检查项目</th><th>规定值或允许偏差</th><th>检查方法和频率</th></tr>
<tr><td>1</td><td colspan="2">轴线偏位/mm</td><td>≤10</td><td>全站仪:每段测 3 处</td></tr>
<tr><td>2△</td><td colspan="2">落梁反力/kN</td><td>满足设计及施工控制要求;未要求时,≤1.1 倍设计反力</td><td>查油压表读数:全部检查</td></tr>
<tr><td rowspan="2">3△</td><td rowspan="2">支点高差/mm</td><td>相邻纵向支点</td><td>满足设计及施工控制要求;未要求时,≤5</td><td rowspan="2">水准仪:检查全部</td></tr>
<tr><td>同墩两侧支点</td><td>满足设计及施工控制要求;未要求时,≤2</td></tr>
</table>

注:因 JTG F80/1—2017 中无钢梁顶推相关章节及技术要求,本表参照 JTG F80/1—2017 表 8.7.3,并参考类似项目钢梁顶推监测成果编制。

3 外观质量

1)钢梁内外表面不得有凹陷、划痕、焊疤,边缘应无毛刺。

2)焊缝应无裂纹、焊瘤、夹渣、电弧擦伤、未焊透、未填满弧坑及设计不允许出现的外观缺陷,构件表面无焊渣和飞溅物。

3)梁底与支座以及支座与垫石顶不得出现缝隙。

4)钢梁应无异常变形,其线形无异常弯折。

5)高强螺栓终拧后丝扣外露应为 2~3 扣,不符合的不应超过 10%,设计另有规定的除外。

6)钢梁的表面防腐涂层应无破损,有损伤的应按设计要求的涂装体系进行修复并验收合格。

4　适用范围

适用于黄河特大桥副桥、跨堤桥箱型组合梁钢梁制造及安装。

4.8.2　混凝土桥面板预制及安装

1　基本要求

1)混凝土桥面板的浇筑或安装程序应满足设计要求。

2)施工过程中,当钢梁变形和内力超过设计允许偏差时,应按施工控制的要求进行调整。

3)混凝土浇筑前,应清除连接件和钢板上的锈蚀、污垢,表面应清洁。

2　实测项目

副桥及跨堤桥箱型组合梁混凝土板实测项目应符合表4.8.2的规定。

表4.8.2　副桥及跨堤桥箱型组合梁混凝土板实测项目

项次	检查项目		规定值或允许偏差	检查方法和频率
1△	混凝土强度/MPa		在合格标准内	按 JTG F80/1—2017 附录 D 检查
2△	混凝土弹性模量/MPa		在合格标准内	按 JTG F80/1—2017 附录 D 检查
3△	混凝土板尺寸/mm	厚度	+10,0	尺量:每施工段测2个断面
		宽度	±30	
4	预制板安装偏位/mm		±5	尺量:测30%预制板
5△	钢梁变形和内力	允许	满足设计和施工控制要求	水准仪、测力仪:按施工控制方案监测
		极值	满足设计和施工控制要求;未要求时,最大偏差≤10%设计值	

续表 4.8.2

项次	检查项目		规定值或允许偏差	检查方法和频率
6△	高程/mm	$L<200$ m	±20	水准仪：每30 m测1处，每跨不少于3处
7	横坡/%		±0.15	水准仪：每40 m测1个断面，每跨不少于3个断面

注：L 为跨径，计算规定值或允许偏差时以 mm 计。

3 外观质量

1）混凝土表面不应存在 JTG F80/1—2017 附录 P 所列限制缺陷。

2）应无建筑垃圾、杂物和临时预埋件。

3）混凝土板与支承面不应出现缝隙。

4 适用范围

适用于黄河特大桥副桥及跨堤桥箱型组合梁桥面板预制及安装。

4.8.3 湿接缝浇筑

按本标准"4.7.3 湿接缝浇筑"执行。

4.8.4 桥面板预应力

按本标准"4.2 钢筋和预应力筋加工、安装及张拉"执行。

4.9 引桥工字型组合梁

4.9.1 工字型组合梁钢梁制造及安装

1 基本要求

1）钢梁或钢梁的杆件、零件、临时吊点等的加工尺寸及组装精度应满足设计要求并符合有关技术规范的规定，分阶段检查验收合格后方可进行下一道工序。

2）钢梁或梁段制作前应进行焊接工艺评定，评定结果应符合相关技术规范的规定，并制订实施性焊接施工工艺。

3）同一部位的焊缝返修不得超过2次，返修后的焊缝应按原质量标准进行复验，并且合格。

4）高强螺栓连接摩擦面的抗滑移系数应进行检验，检验结果应满足设计要求。摩擦面应保持干燥、整洁，安装出现间隙时的处理应符合相关技术规范的规定。

5）钢梁梁段必须在稳固可靠并经验收的胎架上进行，应进行厂内预拼装，并按设计要求和有关技术规范的规定进行验收。

6）钢梁或梁段及其零件的移动、存放不应出现不允许的变形、碰撞损伤和漆面损坏，不得使用变形零件。

7）工字梁顶面剪力钉等均应按设计文件安装完成，无遗漏且位置准确。

2 实测项目

实测项目应符合表4.9.1-1、表4.9.1-2的规定。

表4.9.1-1 引桥工字型组合梁钢梁制作实测项目

项次	检查项目		规定值或允许偏差	检查方法和频率
1	梁高/mm	主梁≤2 m	±2	钢尺：测两端腹板处高度
		主梁>2 m	±4	
		横梁	±1.5	
		纵梁	±1.0	
2	跨度/mm		±5	钢尺：测两支承中心距离

续表 4.9.1-1

<table>
<tr><th>项次</th><th colspan="3">检查项目</th><th>规定值或允许偏差</th><th>检查方法和频率</th></tr>
<tr><td rowspan="3">3</td><td colspan="2" rowspan="3">梁长/mm</td><td>全长</td><td>±10</td><td rowspan="3">钢尺:测中心线处</td></tr>
<tr><td>纵梁</td><td>+0.5,-1.5</td></tr>
<tr><td>横梁</td><td>±1.5</td></tr>
<tr><td>4</td><td colspan="3">纵、横梁旁弯/mm</td><td>≤3</td><td>梁立置时在腹板一侧距主焊缝 100 mm 处拉线测量:测中部、四分点 3 处</td></tr>
<tr><td rowspan="3">5</td><td rowspan="3">拱度/mm</td><td rowspan="2">主梁</td><td>不设预拱度</td><td>+3,0</td><td rowspan="2">梁卧置时在下盖板外侧拉线测量:测中部、四分点 3 处</td></tr>
<tr><td>设预拱度</td><td>+10,-3</td></tr>
<tr><td colspan="2">两片主梁拱度差</td><td>≤4</td><td>分别测两片主梁拱度,求差值</td></tr>
<tr><td rowspan="2">6</td><td colspan="2" rowspan="2">平面度/mm</td><td>主梁腹板</td><td>≤h/350,且≤8</td><td rowspan="2">平尺及塞尺:每梁段测 3 处</td></tr>
<tr><td>纵、横梁腹板</td><td>≤h/500,且≤5</td></tr>
<tr><td rowspan="2">7</td><td colspan="2" rowspan="2">主梁、纵横梁盖板对腹板的垂直度/mm</td><td>有孔部位</td><td>盖板宽度≤600 mm 时≤0.5,其他≤1.0</td><td rowspan="2">角尺及塞尺:每梁段测 5 处</td></tr>
<tr><td>其余部位</td><td>≤1.5</td></tr>
</table>

续表 4.9.1-1

项次	检查项目	规定值或允许偏差	检查方法和频率
8	焊缝尺寸/mm	满足设计要求	量规：检查全部，每条焊缝检查3处
9△	焊缝探伤		超声法：检查全部 射线法：按设计要求；设计未要求时按10%抽查，且不小于3条
10△	高强螺栓扭矩/(N·m)	±10%	扭矩扳手：检查5%，且不少于2个

注：①JTG F80/1—2017 中无“工字型组合梁连续梁桥”相关章节及技术要求，本表参照 JTG F80/1—2017 表 8.9.1-1。

②h 为腹板高，计算规定值或允许偏差时以 mm 计。

③项次 2、项次 3 较 JTG F80/1—2017 要求进行了适当提高，跨度允许偏差从±8 mm 提高到了±5 mm，梁长全长允许偏差从±15 mm 提高到了±10 mm，现阶段钢结构制造厂家工艺技术成熟，可以有效保障达到提高后的精度指标。

表 4.9.1-2　引桥工字型组合梁钢梁安装实测项目

项次	检查项目		规定值或允许偏差	检查方法和频率
1	轴线偏位/mm	钢梁纵轴线	≤10	全站仪：每跨测3处
		两跨相邻端横梁中心线相对偏位	≤5	尺量：测各相邻端横梁
2	高程/mm	墩台处	±10	水准仪：每墩台测3处
		两跨相邻端横梁相对高差	≤5	水准仪、尺量：测各相邻端横梁

续表 4.9.1-2

<table>
<tr><th>项次</th><th colspan="2">检查项目</th><th>规定值或允许偏差</th><th>检查方法和频率</th></tr>
<tr><td>3</td><td>固定支座处支承中心偏位/mm</td><td>连续梁</td><td>≤10</td><td>尺量:测每固定支座</td></tr>
<tr><td>4</td><td colspan="2">焊缝尺寸/mm</td><td rowspan="2">满足设计要求</td><td>量规:检查全部,每条焊缝检查3处</td></tr>
<tr><td>5△</td><td colspan="2">焊缝探伤</td><td>超声法:检查全部
射线法:按设计要求;设计未要求时按10%抽查,且不小于3条</td></tr>
<tr><td>6△</td><td colspan="2">高强螺栓扭矩/(N·m)</td><td>±10%</td><td>扭矩扳手:检查5%,且不少于2个</td></tr>
</table>

注:①本表参照JTG F80/1—2017表8.9.2编制。

②项次3固定支座处支承中心偏位在JTG F80/1—2017精度要求“连续梁,≤20 mm”的基础上适当提高至“连续梁,≤10 mm”,支座安装精度提高,有利于各联连续梁成桥后整体受力状态,且施工测量精度及现场安装施工精度,都可以达到提高后的精度要求。

3 外观质量

1)钢梁表面不得有凹陷、划痕、焊疤,边缘应无毛刺。

2)焊缝应无裂纹、焊瘤、夹渣、电弧擦伤、未焊透、未填满弧坑及设计不允许出现的外观缺陷,构件表面无焊渣和飞溅物。

3)剪力钉按设计要求安装完成,围焊焊渣清理干净,焊缝均匀、饱满,无漏焊。

4)高强螺栓终拧后丝扣外露应为2~3扣,不符合的不应超过10%,设计另有规定的除外。

4　适用范围

适用于黄河特大桥引桥工字型组合梁钢梁制造及安装。

4.9.2　引桥工字型组合梁桥面板预制及安装

按本标准“4.8.2　混凝土桥面板预制及安装”执行。

4.9.3　引桥工字型组合梁桥面板湿接缝浇筑

按本标准“4.7.3　湿接缝浇筑”执行。

4.9.4　桥面板预应力

按本标准“4.2　钢筋和预应力筋加工、安装及张拉”执行。

4.10　引桥装配式波形钢腹板组合梁

4.10.1　波形钢腹板制造

1　基本要求

1)波形钢腹板应由具有相应资质的专业厂家加工制造,应采用冷成型工艺。厚度≥14 mm 的波形钢腹板的弯曲加工应采用无牵制模压法成型,弯折处的圆弧弯曲半径为 15 倍的钢板厚度。

2)波形钢腹板加工应按《组合结构桥梁用波形钢腹板》(JT/T 784—2010)执行,同时需符合本项目设计文件的有关要求。

3)波形钢腹板用钢材、型材、连接件、剪力键、焊材、高强度螺栓、涂装材料等各类材料需满足设计要求及相应材料规范规定的各项技术要求,钢板厚度按《热轧钢板和钢带的尺寸、外形、重量及允许偏差》(GB/T 709—2019)中的 C 类要求控制,即不允许出现厚度负偏差。

4)波形钢腹板的加工尺寸及组装精度应满足设计要求并符合有关技术规范的规定,分阶段检查验收合格后方可进行下一道工序。

5)波形钢腹板制作前应进行焊接工艺评定,评定结果应符合相关技术规范的规定,并制订实施性焊接施工工艺。

6)同一部位的焊缝返修不得超过 2 次,返修后的焊缝应按原质量标准进行复验,并且合格。

7)严格控制各波形钢腹板横向总体尺寸和螺栓孔尺寸,各节段间接口的相对公差控制在允许范围之内,以利各接口的顺利栓接(焊接),为此,在完成节段的制造运输后,必须进行节段的连续匹配拼装,以控制立面线形及梁长。节段的长、宽、高及螺栓的纵、横向间距,预拼装全长,拱度等偏差,应控制在规范规定的允许范围内。

8)高强螺栓连接摩擦面的抗滑移系数应进行检验,检验结果应满足设计要求。摩擦面应保持干燥、整洁,安装出现间隙时的处理应符合相关技术规范的规定。

9)波形钢腹板必须在稳固可靠并经验收的胎架上进行,应进行厂内预拼装,并按设计要求和有关技术规范的规定进行验收。

10)波形钢腹板段及其零件的移动、存放不应出现不允许的变形、碰撞损伤和漆面损坏,不得使用变形零件。

11)与混凝土顶底板、端横梁、中横梁等的各类连接件均应按设计文件安装完成,无遗漏且位置准确。

2 实测项目

波形钢腹板制作实测项目应符合表 4.10.1 的规定。

表 4.10.1 波形钢腹板制作实测项目

项次	检查项目	规定值或允许偏差	检查方法和频率
1	波形钢腹板高度/mm	±2	钢尺:每段中部 1 处
2	节段长度/mm	±3	钢尺:测中心线处
3	节段对角线长/mm	±3	钢尺:每段测 2 处对角线
4	波高/mm	±3	钢尺:每段测 3 处
5	波长/mm	±5	钢尺:每段测 3 处

续表 4.10.1

项次	检查项目	规定值或允许偏差	检查方法和频率
6	翼缘板宽及开孔锚固板高/mm	±2	钢尺:每段测3处
7	翼缘板平整度/mm	±l/1 000	钢尺:每段测1处
8	腹板方向高平整度/mm	±h/1 000	钢尺:每段测1处
9	平面挠曲量(带翼缘板的波形钢腹板单个节段)/mm	±3	钢尺:每段测1处
10	翼缘板的垂直度/mm	±b/200	钢尺:每段测1处
11	焊缝尺寸/mm	满足设计要求	量规:检查全部,每条焊缝检查3处
12△	焊缝探伤		超声法:检查全部 射线法:按设计要求;设计未要求时按10%抽查,且不小于3条
13△	高强螺栓扭矩/(N·m)	±10%	扭矩扳手:检查5%,且不少于2个

注:①JTG F80/1—2017中无"波形钢腹板"相关章节及技术要求,本表参照《组合结构桥梁用波形钢腹板》(JT/T 784—2010)表5、表6编制。

②h为波形钢腹板高度、l为波长、b为翼缘板宽,计算规定值或允许偏差时以mm计。

3 波形钢腹板组合梁混凝土桥面板预制及安装

按本标准"4.8.2 混凝土桥面板预制及安装"执行。

4.10.2 波形钢腹板组合梁混凝土浇筑

1 基本要求

1）支架和模板的强度、刚度、稳定性应符合施工技术规范的规定。

2）混凝土用材料、配合比，普通钢筋、预应力筋等各项符合施工技术规范的规定。

3）波形钢腹板经验收合格，现场安装定位准确并固定牢靠。

4）预埋件的设置和固定应满足设计要求并符合施工技术规范的规定。

2 实测项目

波形钢腹板组合梁混凝土实测项目应符合表4.10.2的规定。

表4.10.2 波形钢腹板组合梁混凝土实测项目

<table>
<tr><th>项次</th><th colspan="4">检查项目</th><th>规定值或允许偏差</th><th>检查方法和频率</th></tr>
<tr><td>1△</td><td colspan="4">混凝土强度/MPa</td><td>在合格标准内</td><td>按JTG F80/1—2017附录D检查</td></tr>
<tr><td rowspan="2">2</td><td rowspan="2">梁长度/mm</td><td colspan="3">总长度</td><td>+5,−10</td><td rowspan="2">尺量：每梁顶面中线、底面两侧</td></tr>
<tr><td colspan="3">梁段长度</td><td>0,−2</td></tr>
<tr><td rowspan="4">3△</td><td rowspan="4">断面尺寸/mm</td><td rowspan="2">宽度</td><td rowspan="2">其他梁板</td><td>干接缝</td><td>±3</td><td rowspan="4">尺量：每梁测3个断面，板和梁段测2个断面</td></tr>
<tr><td>湿接缝</td><td>±20</td></tr>
<tr><td>高度</td><td colspan="2">其他梁板</td><td>±5</td></tr>
<tr><td colspan="3">顶板、底板、腹板或梁肋厚</td><td>+5,0</td></tr>
<tr><td>4</td><td colspan="4">平整度/mm</td><td>≤5</td><td>2 m直尺：沿梁长方向每侧面（顶、底板）每10 m梁长测1处×2尺</td></tr>
</table>

续表 4.10.2

项次	检查项目	规定值或允许偏差	检查方法和频率
5	横系梁及预埋件位置/mm	≤5	尺量:每件
6	横坡/%	±0.15	水准仪:每 40 m 测 1 个断面,每跨不少于 3 个断面

注:①JTG F80/1—2017 中无“波形钢腹板组合梁”相关章节及技术要求,本表参照 JTG F80/1—2017 中表 8.7.2-1 编制。

②项次 3 均取“其他梁板”,本项目波形钢腹板组合梁桥面板属于此类别。

3 外观质量

1)混凝土表面不应存在 JTG F80/1—2017 附录 P 所列限制缺陷。

2)波形钢腹板的表面防腐涂层应无破损,有损伤的应按设计要求的涂装体系进行修复并验收合格。

3)接缝处不得漏浆。

4)应无建筑垃圾、杂物和临时预埋件。

4 适用范围

适用于引桥装配式波形钢腹板组合梁混凝土浇筑。

4.10.3 波形钢腹板组合梁安装

1 基本要求

1)拼接粗糙面的质量和键槽的数量、质量应满足设计要求。

2)在吊移出预制台座时,混凝土的强度不得低于设计所要求的吊装强度,预制件不得受到损伤;在安装时,支承结构(墩台、盖梁、垫石)的强度应满足设计要求。

3)安装前,梁板应检验合格,墩台支座垫板应稳固;就位后,梁板两端支座应对位,梁底与支座以及支座底与垫石顶应密贴,临时支撑应稳固。

4)梁段之间接缝填充材料的种类、规格和性能应满足设计要求,接缝填充密实。

2 实测项目

波形钢腹板组合梁安装实测项目应符合表4.10.3的规定。

表4.10.3 波形钢腹板组合梁安装实测项目

项次	检查项目		规定值或允许偏差	检查方法和频率
1	支承中心偏位/mm	梁	≤5	尺量:每跨测6个支承处,不足6个时全测
2	顶面高程/mm		±10	水准仪:每跨测5处,跨中、桥墩台处应布设测点
3	相邻梁板顶面高差/mm	L≤40 m	≤10	尺量:测每相邻梁板高差最大处
		L>40 m	≤10	

注:①JTG F80/1—2017中无"波形钢腹板组合梁安装"相关章节及技术要求,本表参照JTG F80/1—2017中表8.7.2-2编制。

②项次3针对L>40 m的相邻梁板顶面高差指标要求进行了适当提高,从≤15 mm提高到了≤10 mm,通过精确控制盖梁、垫石及支座安装精度,以及装配式波形钢腹板组合梁制造精度,能够保证相邻梁板顶面高差控制在10 mm内,有利于提高波形钢腹板组合梁整体成桥质量及后续桥面铺装质量。

3 外观质量

1)混凝土表面不应存在JTG F80/1—2017附录P所列限制缺陷。

2)波形钢腹板的表面防腐涂层应无破损,有损伤的应按设计要求的涂装体系进行修复并验收合格。

3)接缝处不得漏浆。

4)应无建筑垃圾、杂物和临时预埋件。

4 适用范围

适用于引桥波形钢腹板组合梁安装。

4.10.4 波形钢腹板组合梁湿接缝

按本标准“4.7.3 湿接缝浇筑”执行。

4.10.5 波形钢腹板组合梁预应力

按本标准“4.2 钢筋和预应力筋加工、安装及张拉”执行。

4.11 钢结构防护

1 基本要求

1)涂层体系应满足设计要求,采用的涂敷系统应经车间或现场的工艺试验验证后方可施工。

2)应按设计要求对钢结构表面进行处理,涂装前钢结构表面应保持干燥,无灰尘、油脂、氧化皮、锈斑及其他污物,出现返锈、灰尘污染时应重新处理。

3)涂装过程中的环境条件、每层涂装时间间隔以及使用的机具设备等均应满足涂装工艺和涂装材料的要求。

4)在完成前一道涂敷后,其干膜厚度应经检验合格,方可进行下一道涂敷。

5)损坏的防护涂层应按原工艺进行修复,并复检合格。

2 实测项目

钢结构防护涂装实测项目应符合表4.11的规定。

表 4.11 钢结构防护涂装实测项目

项次	检查项目	规定值或允许偏差	检查方法和频率
1△	除锈等级	满足设计要求;设计无要求时,热喷锌或铝 Sa3.0,无机富锌底漆及其他 Sa2.5(St3)	样板对比:全部检查
2△	粗糙度 R_z/μm	满足设计要求;设计未要求时,热喷锌或铝 60~100,无机富锌底漆 50~80,其他 30~75	按设计要求检查;设计未要求时用对比样块:全部检查
3	总干膜厚度/μm	满足设计要求;设计未要求时,干膜厚度小于设计值的测点数≤10%,任意测点的干膜厚度≥设计值的 90%	按设计要求检查;设计未要求时用测厚仪:抽查 20%且不少于 5 件,每 10 m^2 测 10 点,且不少于 10 点
4	附着力/MPa	满足设计要求	按设计要求检查,设计未要求时用拉开法检查:抽查 5%且不少于 5 件,每件测 1 处

注:①本表按 JTG F80/1—2017 表 8.9.3 钢梁防护涂装实测项目编制。
②环氧钢绞线涂层不属于本节所述钢结构防护涂装检测范围,应根据其产品相应的技术规程办理。

3　外观质量

1)涂层流挂、皱皮、水纹印的最大面积应不大于 100 mm^2,在任何 1 m^2 范围内不得多于 1 块。

2)涂装后不得出现起泡、裂纹、起皮、大熔滴、松散粒子、掉块及返锈,应无漏涂。

注:钢结构涂装外观质量要求在 JTG F80/1—2017 的基础上提高了指标要求,涂层流挂、皱皮、水纹印外观质量问题的最大面积从 900 mm^2(30 mm×30 mm)提高到了 100 mm^2(10 mm×10 mm),每平方米出现以上外观质量问题的数量提高了指标要求,从 2 块提高到了 1 块。现阶段钢结构涂装工艺改进完善、自动化程度日益提高,钢结构涂装外观质量指标要求适当提高,是能够达到这一目标的,除有利于整体美观,还有利于钢结构防腐耐久性。

4　适用范围

适用于黄河特大桥索塔钢壳、钢锚梁、钢锚箱及主桥、副桥、跨堤桥、引桥上部结构钢梁的涂装防腐。

4.12　桥面系和附属工程

4.12.1　混凝土桥面板桥面防水层

按《公路工程质量检验评定标准　第一册　土建工程》(JTG F80/1—2017)第 8.12.1 条执行。

4.12.2　混凝土桥面板桥面铺装

1　基本要求

1)基面质量应符合规范规定并满足设计要求,表面应干燥、清洁、无浮渣等。

2)应严格控制沥青混合料拌和的加热温度。拌和后的沥青混合料应均匀、无花白、无粗细料分离和结团成块现象。

3)应按规定要求严格控制碾压工艺,严格控制摊铺和碾压温度。

4)桥面泄水孔进水口附近的铺装应有利于桥面积水和渗入

水的排除，泄水孔数量不得少于设计要求。

2 实测项目

混凝土桥面板沥青混凝土桥面铺装实测项目应符合表4.12.2的规定。

表4.12.2 混凝土桥面板沥青混凝土桥面铺装实测项目

项次	检查项目		规定值或允许偏差	检查方法和频率
1△	压实度	常规	≥试验室标准密度的96%；≥最大理论密度的92%；≥试验段密度的98%	按JTG F80/1—2017附录B检查，长度不大于200 m时测5点，每增加100 m增加2点
		SMA	≥试验室标准密度的98%；≥最大理论密度的94%；≥试验段密度的99%	
2	厚度/mm		+10，-5	水准仪：以同桥面板产生相同挠度的点为基准点，测量桥面铺装施工前后相对高差：长度不大于100 m每车道测3处，每增加100 m每车道增加2处
3	平整度	σ/mm	≤0.6	平整度仪：全桥每车道连续检测，每100 m计算σ、IRI
		IRI/(m/km)	≤1.0	

续表 4.12.2

项次	检查项目	规定值或允许偏差	检查方法和频率
4	渗水系数/(mL/min)	满足设计要求;设计未要求时,SMA ≤ 120,其他≤200	渗水试验仪:长度不大于 200 m 时测 5 处,每增加 100 m 增加 1 处
5	横坡/%	±0.3	水准仪:长度不大于 200 m 时测 5 个断面,每增加 100 m 增加 1 个断面
6	构造抗滑深度/mm	满足设计要求	铺砂法:长度不大于 200 m 时测 5 处,每增加 100 m 增加 1 处

注:①压实度指标,本项目属高速公路,应选用其中的 2 个标准评定,以合格率低的作为评定结果。

②平整度均方差 σ 根据河南省高速公路品质工程要求及本项目实际情况,较 JTG F80/1—2017 指标要求提高了 100%,即从原来的≤1.2 mm 提高到了≤0.6 mm,有利于提升整个高速公路的行车舒适性,通过合理控制摊铺、碾压设备及工艺,能够达到 0.6 mm 要求。按 1998 年太原鉴定会确定的 $\sigma=0.6\times IRI$ 来换算 IRI 规定值相应提高为 1.0 m/km。

3 外观质量

1)沥青混凝土铺装与路缘石、栏杆等结构构件衔接处应无开裂、松散。

2)搭接处烫缝应无枯焦,路面无积水。

3)表面应无明显裂缝、松散、推挤、碾压轮迹、油丁、泛油、离析等问题。

注:项次 3)较 JTG F80/1—2017 要求“累计长度不超过 50 m”提高到了“应无明显”,考虑到以上路面外观质量问题对高速公路整体观感质量有较大影响,若有以上外观质量问题,应在摊铺时及时进行局部返工处理。

4 适用范围

适用于黄河特大桥组合梁混凝土桥面板沥青混凝土桥面铺装。

4.12.3 支座垫石和挡块

按《公路工程质量检验评定标准 第一册 土建工程》(JTG F80/1—2017)第 8.12.5 条执行。

4.12.4 支座安装

按《公路工程质量检验评定标准 第一册 土建工程》(JTG F80/1—2017)第 8.12.6 条执行。

4.12.5 伸缩装置安装

按《公路工程质量检验评定标准 第一册 土建工程》(JTG F80/1—2017)第 8.12.7 条执行。

4.12.6 混凝土护栏

按《公路工程质量检验评定标准 第一册 土建工程》(JTG F80/1—2017)第 8.12.11 条执行。

4.12.7 钢桥上钢护栏安装

按《公路工程质量检验评定标准 第一册 土建工程》(JTG F80/1—2017)第 8.12.12 条执行。

4.12.8 桥头搭板

按《公路工程质量检验评定标准 第一册 土建工程》(JTG F80/1—2017)第 8.12.13 条执行。

4.12.9 混凝土构件表面防护

按《公路工程质量检验评定标准 第一册 土建工程》(JTG F80/1—2017)第 8.12.14 条执行。

5 接线与枢纽互通桥梁工程

5.1 桥梁总体

5.1.1 基本要求

1 桥梁工程应按设计文件内容全部完成。

2 桥下净空不得小于设计要求。

3 特大跨径的桥梁、结构复杂的桥梁和承载能力需要验证的桥梁应进行荷载试验，试验结果应满足设计要求和符合相关技术规范的规定。

5.1.2 实测项目

桥梁总体实测项目应满足表 5.1.2 的要求。

表 5.1.2 桥梁总体实测项目

项次	检查项目		规定值或允许偏差	检查方法和频率
1	桥面中线偏位/mm		≤20	全站仪：每 50 m 测 1 点，且不少于 5 点
2	桥面宽/mm	车行道	±10	尺量：每 50 m 测 1 个断面，且不少于 5 个断面
3	桥长/mm		+100，-100	全站仪或钢尺：检查中心线处

续表 5.1.2

项次	检查项目		规定值或允许偏差	检查方法和频率
4	桥面高程/mm	$L<50$ m	±30	水准仪:桥面每侧每50 m测1点,且不少于3点;跨中、桥墩(台)处应布置测点
		$L\geqslant50$ m	±(L/5 000+20)	

注:①L为桥梁跨径,计算规定值或允许偏差时以mm计。

②桥长(mm)指以单位工程划分的桥梁工程为验收单元,其中上限值较JTG F80/1—2017的规定值(+300,-100)mm要求提高了3倍,下限值不变。

5.1.3 外观质量

1 桥梁的内外轮廓线形应无异常突变。

2 结构内外部、支座、伸缩缝处应无残渣、杂物。

3 桥头不得出现跳车。

5.1.4 适用范围

适用于接线与枢纽互通桥梁工程桥梁总体。

5.2 钢筋和预应力筋加工、安装及张拉

5.2.1 钢筋加工及安装

基本要求、外观质量均按本标准“4.2.1 钢筋加工及安装”执行。

实测项目见表5.2.1-1~表5.2.1-3。

表 5.2.1-1 钢筋安装实测项目

<table>
<tr><th>项次</th><th colspan="3">检查项目</th><th>规定值或允许偏差</th><th>检查方法和频率</th></tr>
<tr><td rowspan="3">1△</td><td rowspan="3">受力钢筋间距/mm</td><td colspan="2">两排以上排距</td><td>±5</td><td rowspan="3">尺量:长度≤20 m时,每构件检查 2 个断面;长度>20 m 时,每构件检查 3 个断面</td></tr>
<tr><td rowspan="2">同排</td><td>梁、板</td><td>±10(±5)</td></tr>
<tr><td>基础、墩台身、墩柱</td><td>±20</td></tr>
<tr><td>2</td><td colspan="3">箍筋、构造钢筋、螺旋筋间距/mm</td><td>±10</td><td>尺量:每构件测 10 个间距</td></tr>
<tr><td rowspan="2">3</td><td rowspan="2" colspan="2">钢筋骨架尺寸/mm</td><td>长</td><td>±10</td><td rowspan="2">尺量:按骨架总数的 30%抽测</td></tr>
<tr><td>宽、高或直径</td><td>±5</td></tr>
<tr><td>4</td><td colspan="3">弯起钢筋位置/mm</td><td>±20</td><td>尺量:每骨架抽查 30%</td></tr>
<tr><td rowspan="2">5△</td><td rowspan="2">保护层厚度</td><td colspan="2">梁、板</td><td>±5</td><td rowspan="2">尺量:每构件各立模板面每 3 m^2 检查 1 处,且每侧面不少于 5 处</td></tr>
<tr><td colspan="2">基础、墩台身、墩柱</td><td>±10</td></tr>
</table>

注:①小型构件的钢筋安装按总数抽查 30%。

②表中基础不包括钢筋混凝土桩基;项次 1 括号中的数字适用于钢-混组合梁桥面板的预制。

③项次 1 中基础、墩台身、墩柱受力钢筋间距允许偏差按 JTG F80/1—2017 执行。

表 5.2.1-2 钢筋网实测项目

项次	检查项目	规定值或允许偏差	检查方法和频率
1	网的长、宽/mm	±10	尺量:逐边测
2	网眼尺寸/mm	±10	尺量:测 5 个网眼

续表 5.2.1-2

项次	检查项目		规定值或允许偏差	检查方法和频率
3	网眼对角线/mm		±15	尺量:测 5 个网眼
4	网的安装位置/mm	平面内	±20	尺量:测每网片边线中点
		平面外	±5	

表 5.2.1-3　钻孔灌注桩钢筋安装实测项目

项次	检查项目	规定值或允许偏差	检查方法和频率
1	主筋间距/mm	±10	尺量:每段测 2 个断面
2	箍筋或螺旋筋间距/mm	±20	尺量:每段测 10 个间距
3	钢筋骨架外径/mm	±10	尺量:每段测 2 个断面
4	钢筋骨架长度/mm	±50	尺量:每个骨架测 2 处
5	钢筋骨架底端高程/mm	±50	水准仪:测顶端高程,用骨架长度反算
6△	保护层厚度/mm	+20,-10	尺量:测每段钢筋骨架外侧定位块处

注:①项次 4 钢筋骨架长度允许偏差较 JTG F80/1—2017 规定(±100 mm)要求提高了 1 倍,现阶段用滚焊机或长线法钢筋笼胎架,钢筋笼总长度精度能够得到保障。

②项次 6 按 JTG F80/1—2017 执行,因接线及枢纽互通桥梁工程均位于南北两岸远离黄河,无常水位侵蚀,地下水影响也较小,按规范执行即可。

5.2.2　预应力筋加工和张拉

1　基本要求和外观质量均按本标准第 4.2.2 条相关要求执行。

2 实测项目

后张法实测项目应满足表 5.2.2 的要求。

表 5.2.2 后张法实测项目

项次	检查项目		规定值或允许偏差	检查方法和频率
1	管道坐标/mm	梁长方向	±30	尺量:每构件抽查 30%的管道。每个曲线段测 3 点,直线段每 10 m 测 1 点;锚固点及连接点全部测
		梁宽方向	±10	
		梁高方向	±10	
2	管道间距/mm	同排	±10	尺量:每构件抽查 30%的管道,测 2 个断面
		上下层	±10	
3△	张拉应力值/MPa		满足设计要求	查油表读数或智能张拉数据:每根检查
4△	张拉伸长率/%		满足设计要求,设计未要求时±6	尺量或查智能张拉数据:每根检查
5	断丝滑丝数		每束 1 根,且每断面总数不超过钢丝总数的 1%	目测:每根(束)检查

注:①项次 3、项次 4 均增加了“查智能张拉数据”,近年智能张拉系统已较为普及,智能张拉设备经有效标定后,准确率有保障。

②项次 5 按 JTG F80/1—2017 表 8.3.2-2 执行。

5.2.3 预应力管道压浆及封锚

基本要求、实测项目、外观质量均按本标准第 4.2.3 条执行。

5.3 基 础

5.3.1 钻孔灌注桩

基本要求、外观质量均按本标准第 4.3.2 条执行。

钻孔灌注桩实测项目应满足表 5.3.1 的要求。

表 5.3.1　钻孔灌注桩实测项目

项次	检查项目			规定值或允许偏差	检查方法和频率
1△	混凝土强度/MPa			在合格标准内	按 JTG F80/1—2017 附录 D 检查
2	桩位/mm	群桩		≤100	全站仪:每桩测中心坐标
		排架桩	允许	≤50	
			极值	≤100	
3△	孔深/m			≥设计值	经校核的带刻度钢丝测绳:每桩测量
4	孔径/mm			≥设计值	探孔器或超声波成孔检测仪:每桩检测
5	钻孔倾斜度/mm			≤1%桩长,且≤500	探孔器或超声波成孔检测仪:每桩检测
6	沉淀厚度/mm			满足设计要求	沉淀盒或测渣仪:每桩测量
7△	桩身完整性			满足设计要求;设计未要求时,I类桩率95%,其余不低于Ⅱ类桩	满足设计要求,设计未要求时采用超声波法:每桩检测

注:①项次 3 明确了采用经校核的带刻度钢丝测绳,不允许采用弹性较大的尼龙测绳,超声波成孔检测仪自带的孔深检测功能精度较低,满足不了孔深精确量测的要求,一般不采用。

②项次 4 孔径、项次 5 钻孔倾斜度两项指标,优先使用超声波成孔检测仪,考虑到接线及互通枢纽桥梁工程桩基数量多达近千根,为缩短空孔等待时间、避免坍孔风险,直径 1.5 m 及以下的桩基,允许使用探孔器进行检测。

③项次 7 桩身完整性指标,根据特大桥质量控制及后期项目评优申报等的需要,接线枢纽互通桥梁工程钻孔灌注桩Ⅰ类桩率不宜低于 95%,其余为Ⅱ类桩,不允许出现Ⅰ、Ⅱ类桩以外的桩,否则应进行有效处置后复检或返工处理。

5.4 混凝土墩、台

基本要求、实测项目、外观质量均按本标准第4.4节执行。

5.5 混凝土梁桥

5.5.1 预制混凝土梁

1 基本要求

1)拼接粗糙面的质量和键槽的数量、质量应满足设计要求。

2)在吊移出预制台座时,混凝土的强度不得低于设计所要求的吊装强度,预制件不得受到损伤;在安装时,支承结构(墩台、盖梁、垫石)的强度应满足设计要求。

3)安装前,梁板应检验合格,墩台支座垫板应稳固;就位后,梁板两端支座应对位,梁底与支座以及支座底与垫石顶应密贴,临时支撑应稳固。

4)梁段之间接缝填充材料的种类、规格和性能应满足设计要求,接缝填充密实。

2 实测项目

实测项目应满足表5.5.1-1~表5.5.1-2的要求。

表5.5.1-1 预制混凝土梁预制实测项目

项次	检查项目		规定值或允许偏差	检查方法和频率
1△	混凝土强度/MPa		在合格标准内	按JTG F80/1—2017附录D检查
2	梁长度/mm	总长度	+5,-10	尺量:每梁顶面中线、底面两侧
		梁段长度	0,-2	

续表 5.5.1-1

<table>
<tr><th>项次</th><th colspan="4">检查项目</th><th>规定值或允许偏差</th><th>检查方法和频率</th></tr>
<tr><td rowspan="7">3△</td><td rowspan="7">断面尺寸/mm</td><td rowspan="4">宽度</td><td rowspan="2">小箱梁</td><td>顶宽</td><td>±20</td><td rowspan="7">尺量:每梁测 3 个断面,板和梁段测 2 个断面</td></tr>
<tr><td>底宽</td><td>±10</td></tr>
<tr><td rowspan="2">T 梁</td><td>干接缝</td><td>±10</td></tr>
<tr><td>湿接缝</td><td>±20</td></tr>
<tr><td rowspan="2">高度</td><td colspan="2">小箱梁</td><td>0,-5</td></tr>
<tr><td colspan="2">T 梁</td><td>±5</td></tr>
<tr><td colspan="3">顶板、底板、腹板或梁肋厚</td><td>+5,0</td></tr>
<tr><td>4</td><td colspan="4">平整度/mm</td><td>≤5</td><td>2 m 直尺:沿梁长方向每侧面(顶、底板)每 10 m 梁长测 1 处×2 尺</td></tr>
<tr><td>5</td><td colspan="4">横系梁及预埋件位置/mm</td><td>≤5</td><td>尺量:每件</td></tr>
<tr><td>6</td><td colspan="4">横坡/%</td><td>±0.15</td><td>水准仪:每 40 m 测 1 个断面,每跨不少于 3 个断面</td></tr>
</table>

注:①本表参照 JTG F80/1—2017 中表 8.7.2-1 编制。

②结合本项目接线及枢纽互通桥梁工程结构设计,项次 3 分预制小箱梁及预制 T 梁。

表 5.5.1-2 预制混凝土梁安装实测项目

项次	检查项目		规定值或允许偏差	检查方法和频率
1	支承中心偏位/mm	梁	≤5	尺量:每跨测 6 个支承处,不足 6 个时全测
2	顶面高程/mm		±10	水准仪:每跨测 5 处,跨中、桥墩台处应布设测点
3	相邻梁、板顶面高差/mm	$L\leqslant40$ m	≤10	尺量:测每相邻梁板高差最大处
		$L>40$ m	≤10	

注:①本表参照 JTG F80/1—2017 中表 8.7.2-2 编制。

②项次 3 针对 $L>40$ m 的相邻梁、板顶面高差指标要求进行了适当提高,从"≤15 mm"提高到了"≤10 mm",通过精确控制盖梁、垫石及支座安装精度,以及小箱梁、预制 T 梁的预制精度,能够保证相邻梁板顶面高差控制在 10 mm 内,有利于提高整体成桥质量及后续桥面铺装质量。

3 外观质量

1)混凝土表面不应存在 JTG F80/1—2017 附录 P 所列限制缺陷。

2)接缝处不得漏浆,应无建筑垃圾、杂物和临时预埋件。

4 适用范围

适用于接线及枢纽互通桥梁工程预制混凝土梁。

5.5.2 现浇混凝土梁

1 基本要求

1)支架和模板的强度、刚度、稳定性应符合施工技术规范的规定。

2)混凝土用材料、配合比,普通钢筋、预应力筋等各项符合施工技术规范。

3)预埋件的设置和固定应满足设计要求并符合施工技术规范的规定。

2 实测项目

混凝土梁桥就地浇筑梁板实测项目应符合表 5.5.2 的规定。

表 5.5.2 混凝土梁桥就地浇筑梁板实测项目

项次	检查项目		规定值或允许偏差	检查方法和频率
1△	混凝土强度/MPa		在合格标准内	按 JTG F80/1—2017 附录 D 检查
2	轴线偏位/mm		≤10	全站仪:每跨测 5 处
3	顶面高程/mm		±10	水准仪:每跨测 5 处,跨中、桥墩台处应布置测点
4△	断面尺寸/mm	高度	+5,-10	尺量:每跨测 3 个断面
		顶宽	±30	
		箱梁底宽	±20	
		顶板、底板、腹板或梁肋厚	+10,0	
5	长度/mm		+5,-10	尺量:每梁测顶面中心线
6	与相邻梁段间错台/mm		≤3	尺量:测底面、侧面
7	横坡/%		±0.15	水准仪:每跨测 3 处
8	平整度/mm		≤5	2 m 直尺:沿梁长方向每侧面每 10 m 梁长,测 1 处×2 尺

注:①本表参照 JTG F80/1—2017 中表 8.7.1 编制。

②项次 6、项次 8 均较 JTG F80/1—2017 指标要求适当提高,其中与相邻梁段间错台由≤5 mm 提高到≤3 mm、平整度从≤8 mm 提高到≤5 mm,目前采用优质模板及足够刚度的支承体系,错台及平整度都能够有效改善并达到该要求,对现浇箱梁的整体观感质量有较大提升。

3 外观质量

1)混凝土表面不应存在JTG F80/1—2017附录P所列限制缺陷。

2)接缝处不得漏浆,应无建筑垃圾、杂物和临时预埋件。

4 适用范围

适用于接线及枢纽互通桥梁工程现浇混凝土梁。

5.6 钢箱梁

1 基本规定

按本标准“4.7.1 钢梁制造及安装”执行。

2 实测项目

实测项目应符合表5.6-1～表5.6-3的规定。

表5.6-1 接线及枢纽互通工程钢箱梁制作实测项目

项次	检查项目		规定值或允许偏差	检查方法和频率
1△	梁高/mm	h>2 m	±4	钢尺:测两端腹板处
2	跨度/mm		±8	钢尺:测支承中心距离
3	全长/mm		±15	钢尺:测中心线处
4△	腹板中心距/mm		±3	钢尺:测两端两腹板中心距
5	横断面对角线差/mm		≤4	钢尺:测两端断面
6	旁弯/mm		3+L/10 000	拉线用尺量:测中部、四分点3处
7	拱度/mm		+10,-5	拉线用尺量:测中部、四分点3处

续表 5.6-1

项次	检查项目	规定值或允许偏差	检查方法和频率
8	腹板平面度/mm	≤h/350，且≤5	平尺及塞尺：每腹板检查3处
9	扭曲/mm	每米≤1，且每段≤10	置于平台，四角中有三角接触平台，用尺量另一角与平台间隙
10	对接错边/mm	≤2	钢尺：测各对接断面
11	焊缝尺寸/mm	满足设计要求	量规：检查全部，每条焊缝检查3处
12△	焊缝探伤		超声法：检查全部 射线法：按设计要求；设计未要求时按10%抽查，且不小于3条
13△	高强螺栓扭矩/（N·m）	±10%	扭矩扳手：检查5%，且不少于2个

注：①L 为跨径，h 为梁高，计算规定值或允许偏差时以 mm 计。

②本表参照 JTG F80/1—2017 中表 8.9.1-3 编制。

表 5.6-2　接线及枢纽互通工程钢箱梁安装实测项目

项次	检查项目		规定值或允许偏差	检查方法和频率
1	轴线偏位/mm	钢梁纵轴线	≤10	全站仪：每跨测3处
		两跨相邻端横梁中心线相对偏位	≤5	尺量：测各相邻端横梁

续表 5.6-2

项次	检查项目		规定值或允许偏差	检查方法和频率
2	高程/mm	墩台处	±10	水准仪:每墩台测3处
		两跨相邻端横梁相对高差	≤5	水准仪、尺量:测各相邻端横梁
3	固定支座处支承中心偏位/mm	连续梁	≤10	尺量:测每固定支座
4	焊缝尺寸/mm		满足设计要求	量规:检查全部,每条焊缝检查3处
5△	焊缝探伤			超声法:检查全部 射线法:按设计要求;设计未要求时按10%抽查,且不小于3条
6△	高强螺栓扭矩/(N·m)		±10%	扭矩扳手:检查5%,且不少于2个

注:①本表参照 JTG F80/1—2017 中表 8.9.2 编制。

②项次 3 固定支座处支承中心偏位在 JTG F80/1—2017 精度要求“连续梁,≤20 mm”的基础上适当提高至“连续梁,≤10 mm”,钢箱梁支座安装精度提高,有利于各联连续梁成桥后整体受力状态,且施工测量精度及现场安装施工精度,都可以达到提高后的精度要求。

表 5.6-3　接线及枢纽互通工程钢箱梁顶推施工实测项目

项次	检查项目	规定值或允许偏差	检查方法和频率
1	轴线偏位/mm	≤10	全站仪:每段测3处

续表 5.6-3

项次	检查项目		规定值或允许偏差	检查方法和频率
2△	落梁反力/kN		满足设计及施工控制要求;未要求时,≤1.1倍设计反力	查油压表读数:全部检查
3△	支点高差/mm	相邻纵向支点	满足设计及施工控制要求;未要求时,≤5	水准仪:检查全部
		同墩两侧支点	满足设计及施工控制要求;未要求时,≤2	

注:因 JTG F80/1—2017 中无钢梁顶推相关章节及技术要求,本表参照 JTG F80/1—2017 表 8.7.3,并参考类似项目钢梁顶推监测成果编制。

3 外观质量

1)钢梁内外表面不得有凹陷、划痕、焊疤,边缘应无毛刺。

2)焊缝应无裂纹、焊瘤、夹渣、电弧擦伤、未焊透、未填满弧坑及设计不允许出现的外观缺陷,构件表面无焊渣和飞溅物。

3)梁底与支座以及支座与垫石顶不得出现缝隙。

4)钢梁应无异常变形,其线形无异常弯折。

5)高强螺栓终拧后丝扣外露应为2~3扣,不符合的不应超过10%,设计另有规定的除外。

6)钢梁的表面防腐涂层应无破损,有损伤的应按设计要求的涂装体系进行修复并验收合格。

4 适用范围

适用于接线及枢纽互通桥梁工程钢箱梁制造及安装。

5.7 钢结构防护

接线及枢纽互通桥梁工程钢结构防护的基本要求、实测项目、外观质量均按本标准“4.11 钢结构防护”执行。

5.8 桥面系和附属工程

5.8.1 混凝土桥面板桥面防水层

按《公路工程质量检验评定标准 第一册 土建工程》(JTG F80/1—2017)第8.12.1条执行。

5.8.2 混凝土桥面板桥面铺装

1 基本要求

1)基面质量应符合规范规定并满足设计要求,表面应干燥、清洁、无浮渣等。

2)应严格控制沥青混合料拌和的加热温度。拌和后的沥青混合料应均匀、无花白、无粗细料分离和结团成块现象。

3)应按规定要求严格控制碾压工艺,严格控制摊铺和碾压温度。

4)桥面泄水孔进水口附近的铺装应有利于桥面积水和渗入水的排除,泄水孔数量不得少于设计要求。

2 实测项目

混凝土桥面板沥青混凝土桥面铺装实测项目应符合表5.8.2的规定。

表5.8.2 混凝土桥面板沥青混凝土桥面铺装实测项目

项次	检查项目		规定值或允许偏差	检查方法和频率
1△	压实度	常规	≥试验室标准密度的96% ≥最大理论密度的92% ≥试验段密度的98%	按JTG F80/1—2017附录B检查,长度不大于200 m时测5点,每增加100 m增加2点
		SMA	≥试验室标准密度的98% ≥最大理论密度的94% ≥试验段密度的99%	

续表 5.8.2

项次	检查项目		规定值或允许偏差	检查方法和频率
2	厚度/mm		+10,-5	水准仪:以同桥面板产生相同挠度的点为基准点,测量桥面铺装施工前后相对高差:长度不大于 100 m 每车道测 3 处,每增加 100 m 每车道增加 2 处
3	平整度	σ/mm	≤0.6	平整度仪:全桥每车道连续检测,每 100 m 计算 σ、IRI
		IRI/(m/km)	≤1.0	
4	渗水系数/(mL/min)		满足设计要求;设计未要求时,SMA ≤ 120,其他≤200	渗水试验仪:长度不大于 200 m 时测 5 处,每增加 100 m 增加 1 处
5	横坡/%		±0.3	水准仪:长度不大于 200 m 时测 5 个断面,每增加 100 m 增加 1 个断面

续表 5.8.2

项次	检查项目	规定值或允许偏差	检查方法和频率
6	构造抗滑深度/mm	满足设计要求	铺砂法：长度不大于 200 m 时测 5 处，每增加 100 m 增加 1 处

注：①压实度指标，本项目属高速公路，应选用其中的 2 个标准评定，以合格率低的作为评定结果。

②平整度均方差 σ 根据全省高速公路品质工程要求及本项目实际情况，较 JTG F80/1—2017 指标要求提高了 100%，即从原来的 1.2 mm 提高到了 0.6 mm，有利于提升整个高速公路的行车舒适性，通过合理控制摊铺、碾压设备及工艺，能够达到 0.6 mm 要求。IRI 规定值相应提高为 1.0 m/km。

3 外观质量

1）沥青混凝土铺装与路缘石、栏杆等结构构件衔接处应无开裂、松散。

2）搭接处烫缝应无枯焦，路面无积水。

3）表面应无明显裂缝、松散、推挤、碾压轮迹、油丁、泛油、离析等问题。

注：项次 3）较 JTG F80/1—2017 要求“累计长度不超过 50 m”提高到了“应无明显”，考虑到以上路面外观质量问题对高速公路整体观感质量有较大影响，若有以上外观质量问题，应在摊铺时及时进行局部返工处理。

5.8.3 钢桥面板上防水黏结层

1 基本要求

1）钢桥面板应去除锈迹、灰尘、油污和其他污物，无焊瘤、飞溅物和毛刺等，表面清洁、干燥，并在设计要求的时间内进行防水黏结层的涂敷施工。

2）作业环境温度和湿度等条件应符合黏结层施工的要求。

3）防水层与泄水孔、护栏、路缘石等衔接处的防水构造应满足设计要求。

4）防水黏结层材料的加热温度和洒布温度应满足设计要求。

2 实测项目

钢桥面板上防水黏结层实测项目应符合表 5.8.3 的规定。

表 5.8.3 钢桥面板上防水黏结层实测项目

<table>
<tr><th>项次</th><th colspan="2">检查项目</th><th>规定值或
允许偏差</th><th>检查方法和频率</th></tr>
<tr><td>1</td><td colspan="2">钢桥面板清洁度</td><td>满足设计要求</td><td>样板比对：每 1 000 m^2 检查 9 处</td></tr>
<tr><td>2</td><td colspan="2">粗糙度 R_z/μm</td><td>满足设计要求；设计未要求时 60～100</td><td>按设计要求检查；设计未要求时用对比样块：每 1 000 m^2 检查 9 处</td></tr>
<tr><td rowspan="2">3</td><td rowspan="2">防水
黏结层</td><td>厚度/mm</td><td>满足设计要求；设计未要求时，平均厚度≥设计厚度，85%检查点厚度≥设计厚度，最小厚度≥80%设计厚度</td><td>按设计要求检查；设计未要求时用测厚仪检查：每洒布段检查 10 处，每处测 3 点</td></tr>
<tr><td>用量/
（kg/m^2）</td><td>满足设计要求</td><td>按施工洒布面积计算</td></tr>
<tr><td>4</td><td colspan="2">黏结层与钢桥面底漆间结合力/MPa</td><td>≥设计值</td><td>按设计要求检查；设计未要求时用拉拔仪检查：每 1 000 m^2 检查 3 点，且每洒布段不少于 3 点</td></tr>
</table>

注：①本表参照 JTG F80/1—2017 表 8.12.3 及设计文件编制。

②对防水黏结层厚度、用量，仅需检测其中之一，用测厚仪检测困难时检查用量。

3　外观质量

1)应无漏涂防水黏结层的桥面板。

2)防水黏结层应无堆积、鼓泡和起皱,表面不得沾染油污或其他污物。

4　适用范围

适用于接线及枢纽互通工程钢箱梁钢桥面板上防水黏结层施工。

5.8.4　钢桥面板上沥青混凝土铺装

1　基本要求

1)各种矿料和沥青用量及各种材料和沥青混合料的加热温度、碾压温度应满足设计要求,并符合施工技术规范的规定。

2)拌和后的沥青混合料应均匀一致,无花白、粗细料分离和结团成块现象。

3)桥面泄水孔进水口附近的铺装应有利于桥面积水和渗入水的排除,进水口数量不得少于设计要求。

4)应在黏结层洒布完成后设计要求的时间内完成沥青混凝土铺装,黏结层表面应干净、干燥。

2　实测项目

钢桥面板上摊铺式沥青混凝土铺装实测项目应满足表 5.8.4 的规定。

表 5.8.4　钢桥面板上摊铺式沥青混凝土铺装实测项目

项次	检查项目	规定值或允许偏差	检查方法和频率
1△	压实度	满足设计要求	按碾压吨位及遍数检查

续表 5.8.4

项次	检查项目		规定值或允许偏差	检查方法和频率
2△	厚度/mm		+5,-3	水准仪:以同桥面板产生相同挠度的点为基准点,测量桥面铺装施工前后相对高差,或采用工程雷达:长度不大于100 m每车道测3处,每增加100 m每车道增加2处
3	平整度	IRI/(m/km)	≤1.0	平整度仪:全桥每车道连续检测,每100 m计算σ、IRI
		σ/mm	≤0.6	
4	横坡/%		±0.3	水准仪:长度不大于200 m时测5个断面,每增加100 m增加1个断面
5	渗水系数/(mL/min)		≤80	渗水试验仪:长度不大于200 m时测5处,每增加100 m增加1处
6	摩擦系数		满足设计要求	摆式仪:每200 m测5处;超过200 m时,每增加100 m增加1处

续表 5.8.4

项次	检查项目	规定值或允许偏差	检查方法和频率
7	构造抗滑深度/mm	满足设计要求	铺砂法:长度不大于 200 m 时测 5 处,每增加 100 m 增加 1 处

注:①本表参照 JTG F80/1—2017 表 8.12.4 及设计文件编制。

②表中 σ 为平整度仪测定的标准差,IRI 为国际平整度指标。

③当采用环氧沥青混凝土面层时,不检查项次 5 渗水系数。

④当采用工程雷达探测项次 2 厚度时,应钻芯验证。

⑤平整度均方差 σ 根据全省高速公路品质工程要求及本项目实际情况,较 JTG F80/1—2017 指标要求提高了 100%,即从原来的 1.2 mm 提高到了 0.6 mm,有利于提升整个高速公路的行车舒适性,通过合理控制摊铺、碾压设备及工艺,能够达到 0.6 mm 要求。IRI 规定值相应提高为 1.0 m/km。

⑥本表不适用于钢桥面浇筑式沥青混凝土铺装。

3 外观质量

1)沥青混凝土铺装与路缘石、栏杆等结构构件衔接处应无开裂、松散。

2)搭接处烫缝应无枯焦,路面无积水。

3)表面应无明显裂缝、松散、推挤、碾压轮迹、油丁、泛油、离析等问题。

注:①项次 3)较 JTG F80/1—2017 要求"累计长度不超过 50 m"提高到了"应无明显",考虑到以上路面外观质量问题对高速公路整体观感质量有较大影响,若有以上外观质量问题,应在摊铺时及时进行局部返工处理。

4 适用范围

适用于接线及枢纽互通工程钢箱梁顶面沥青混凝土铺装施工。

5.8.5 支座垫石和挡块

按《公路工程质量检验评定标准 第一册 土建工程》(JTG F80/1—2017)第8.12.5条执行。

5.8.6 支座安装

按《公路工程质量检验评定标准 第一册 土建工程》(JTG F80/1—2017)第8.12.6条执行。

5.8.7 伸缩装置安装

按《公路工程质量检验评定标准 第一册 土建工程》(JTG F80/1—2017)第8.12.7条执行。

5.8.8 混凝土护栏

按《公路工程质量检验评定标准 第一册 土建工程》(JTG F80/1—2017)第8.12.11条执行。

5.8.9 钢桥上钢护栏安装

按《公路工程质量检验评定标准 第一册 土建工程》(JTG F80/1—2017)第8.12.12条执行。

5.8.10 桥头搭板

按《公路工程质量检验评定标准 第一册 土建工程》(JTG F80/1—2017)第8.12.13条执行。

5.8.11 混凝土构件表面防护

按《公路工程质量检验评定标准 第一册 土建工程》(JTG F80/1—2017)第8.12.14条执行。

6 路基工程

路基压实度应分层检测，上路床压实度应按《公路工程质量检验评定标准 第一册 土建工程》(JTG F80/1—2017)附录B的规定进行评定，路基工程其他检查项目应在上路床进行检查测定。

土质路肩工程可以作为路面工程的一个分项工程进行检查评定。

收费广场及服务区道路、停车场的土方工程压实标准可以按土方路基要求进行检验。

6.1 土方路基

6.1.1 基本要求

1 在路基用地和取土范围内，应清除地表植被、杂物、积水、淤泥和表土，处理坑塘，并按施工技术规范和设计要求对基底进行压实。表土应充分利用。

2 填方路基应分层填筑压实，每层表面平整，路拱合适，排水良好，不得有明显碾压轮迹，不得亏坡。

3 应设置施工临时排水系统，避免冲刷边坡，路床顶面不得积水。

4 在设定取土区内合理取土，不得滥开滥挖。完工后应按要求对取土坑和弃土场进行修整。

6.1.2 实测项目

土方路基实测项目应符合表6.1.2的规定。

6.1.3 外观质量

1 路基边线与边坡不应出现单向累计长度超过50 m的弯折。

表 6.1.2　土方路基实测项目

<table>
<tr><th>项次</th><th colspan="4">检查项目</th><th>规定值或允许偏差</th><th>检查方法和频率</th></tr>
<tr><td rowspan="7">1△</td><td rowspan="7">压实度/%</td><td colspan="2">上路床</td><td>0~0.3 m</td><td>≥96</td><td rowspan="7">按 JTG F80/1—2017 附录 B 检查；密度法：每 200 m 每压实层测 2 处</td></tr>
<tr><td rowspan="2">下路床</td><td>轻、中、重交通荷载等级</td><td>0.3~0.8 m</td><td rowspan="2">≥96</td></tr>
<tr><td>特重、极重交通荷载等级</td><td>0.3~1.2 m</td></tr>
<tr><td rowspan="2">上路堤</td><td>轻、中、重交通荷载等级</td><td>0.8~1.5 m</td><td rowspan="2">≥94</td></tr>
<tr><td>特重、极重交通荷载等级</td><td>1.2~1.9 m</td></tr>
<tr><td rowspan="2">下路堤</td><td>轻、中、重交通荷载等级</td><td>>1.5 m</td><td rowspan="2">≥93</td></tr>
<tr><td>特重、极重交通荷载等级</td><td>>1.9 m</td></tr>
<tr><td>2△</td><td colspan="4">弯沉/0.01 mm</td><td>≤设计值</td><td>按 JTG F80/1—2017 附录 J 检查</td></tr>
<tr><td>3</td><td colspan="4">纵断高程/mm</td><td>+10,−15</td><td>水准仪：中线位置每 200 m 测 2 点</td></tr>
<tr><td>4</td><td colspan="4">中线偏位/mm</td><td>50</td><td>全站仪：每 200 m 测 2 点，弯道加 HY、YH 两点</td></tr>
<tr><td>5</td><td colspan="4">宽度/mm</td><td>满足设计要求</td><td>尺量：每 200 m 测 4 点</td></tr>
<tr><td>6</td><td colspan="4">平整度/mm</td><td>≤15</td><td>3 m 直尺：每 200 m 测 2 处×5 尺</td></tr>
</table>

续表 6.1.2

项次	检查项目	规定值或允许偏差	检查方法和频率
7	横坡/%	±0.3	水准仪:每 200 m 测 2 个断面
8	边坡	满足设计要求	尺量:每 200 m 测 4 点

注:表列压实度是按现行《公路土工试验规程》(JTG 3430—2020)重型击实试验所得最大干密度求得的压实度。评定路段的压实度平均值下置信界限不得小于规定标准,单个测定值不得小于极值(表列规定值减 5 个百分点)。按测定值不小于表列规定值减 2 个百分点的测点占总检查数的百分率计算合格率。

2 路基边坡、护坡道、碎落台不得有滑坡、塌方或深度超过 50 mm 的冲沟。

注:项次 2 在 JTG F80/1—2017 规定要求的基础上适当提高,冲沟深度从 100 mm 提高到了 50 mm,主要是要求路基施工现场做好临时排水系统,不得对边坡造成严重冲刷,确保路基边坡整体质量及观感效果。

6.1.4 适用范围

适用于主线及接线枢纽互通工程全部土方路基工程施工。

6.2 软土地基处理

按《公路工程质量检验评定标准　第一册　土建工程》(JTG F80/1—2017)第 4.4 节执行,并满足设计文件及施工技术规范要求。

6.3 土工合成材料处置层

按《公路工程质量检验评定标准　第一册　土建工程》(JTG F80/1—2017)第 4.5 节执行,并满足设计文件及施工技术规范要求。

7 路面工程

垫层应按相同材料的底基层检验。透层、黏层和封层按JTG F80/1—2017沥青表面处置层执行。水泥混凝土面层中的钢筋加工及安装分项工程按桥梁工程中的钢筋加工及安装分项工程执行。

稳定土基层和底基层包括水泥土、石灰土、石灰粉煤灰、石灰粉煤灰土等;稳定粒料基层和底基层包括水泥稳定材料、石灰稳定材料、石灰粉煤灰稳定材料、水泥粉煤灰稳定材料等。

粒料基层完工后应及时洒布透层油并铺筑封层,透层油透入深度应不小于5 mm,无机结合料稳定材料基层透层油透入深度宜不小于3 mm。

7.1 水泥混凝土面层

7.1.1 基本要求

1 基层质量应符合规范规定并满足设计要求,表面清洁、无浮土。

2 接缝填缝材料应符合规范规定并满足设计要求。

3 接缝的位置、规格、尺寸及传力杆、拉力杆的设置应满足设计要求。

4 混凝土路面铺筑后按施工规范要求养护。

5 应对干缩、温缩产生的裂缝进行处理。

7.1.2 实测项目

水泥混凝土面层实测项目应符合表7.1.2的规定。

7.1.3 外观质量

1 不应出现JTG F80/1—2017附录P中所列板的外观限制缺陷。

表 7.1.2　水泥混凝土面层实测项目

项次	检查项目		规定值或允许偏差	检查方法和频率
1△	弯拉强度/MPa		在合格标准内	按 JTG F80/1—2017 附表 C 检查
2△	板厚度/mm	代表值	-5	按 JTG F80/1—2017 附录 H 检查:每 200 m 测 2 点
		合格值	-10	
		极值	-15	
3	平整度	σ/mm	≤0.66	平整度仪:全线每车道连续检测,每 100 m 计算 σ、IRI
		IRI/(m/km)	≤1.1	
		最大间隙 h/mm	≤3	3 m 直尺:每半幅车道每 200 m 测 2 处×5 尺
4	抗滑构造深度/mm	一般路段	0.7~1.1	铺砂法:每 200 m 测 1 处
		特殊路段	0.8~1.2	
5	横向力系数 SFC	一般路段	≥50	按 JTG F80/1—2017 附录 L 检查:每 20 m 测 1 点
		特殊路段	≥55	
6	相邻板高差/mm		≤2	尺量:胀缝每条测 2 点;纵、横缝每 200 m 抽查 2 条,每条测 2 点
7	纵、横缝顺直度/mm		≤10	纵缝 20 m 拉线尺量:每 200 m 测 4 处;横缝沿板宽拉线尺量:每 200 m 测 4 处
8	中线平面偏位/mm		20	全站仪:每 200 m 测 2 点
9	路面宽度/mm		±20	尺量:每 200 m 测 4 点
10	纵断高程/mm		±10	水准仪:每 200 m 测 2 个断面

续表 7.1.2

项次	检查项目	规定值或允许偏差	检查方法和频率
11	横坡/%	±0.15	水准仪:每 200 m 测 2 个断面
12	断板率/%	≤0.1	目测:全部检查,数断板面板块数占总块数比例

注:①表中 σ 为平整度仪测定的标准差,IRI 为国际平整度指数,h 为 3 m 直尺与面层的最大间隙。

②特殊路段:对于本项目高速公路而言,指立体交叉匝道、平面交叉口、弯道、变速车道、组合坡度不小于 3%坡度段、桥面及收费广场等处。

③断板率中包含断角率,应统计行车道与超车道面板,不计硬路肩板,不计入修复后的面板。

④根据全省高速公路品质工程要求及本项目实际情况,平整度均方差 σ 较 JTG F80/1—2017 指标要求提高了 100%,即从原来的≤1.32 mm 提高到了≤0.66 mm,有利于提升整个项目(服务区、停车场等)的行车舒适性,通过合理控制摊铺、振捣设备及收面工艺,能够达到≤0.66 mm 要求。IRI 规定值相应提高为 1.1 m/km。

⑤断板率规定值较 JTG F80/1—2017 要求提高了 100%,即从≤0.2%提高到了≤0.1%,主要是要求施工现场从加强水泥混凝土面层的配合比、原材料、传力杆、养护、切缝等各工序的过程管控来确保降低断板率。

2 面板不应有凹坑、鼓包和掉角。

3 接缝填注不得漏浆、松脱,不应污染路面。

4 路面应无积水。

7.1.4 适用范围

适用于本项目水泥混凝土路面工程(含收费广场、服务区广场各功能区等)。

7.2 沥青混凝土面层

7.2.1 基本要求

1 基层质量应符合规范规定并满足设计要求,表面应干燥、清洁、无浮土。

2 应严格控制沥青混合料拌和的加热温度。拌和后的沥青混合料应均匀、无花白、无粗细料分离和结团成块现象。

3 应按规定要求严格控制碾压工艺,严格控制摊铺和碾压温度。

7.2.2 实测项目

沥青混凝土面层实测项目应符合表7.2.2的规定。

表7.2.2 沥青混凝土面层实测项目

项次	检查项目		规定值或允许偏差	检查方法和频率
1△	压实度	常规	≥试验室标准密度的96% ≥最大理论密度的92% ≥试验段密度的98%	按JTG F80/1—2017附录B检查,每200 m测1点。核子(无核)密度仪每200 m测1处,每处5点
		SMA	≥试验室标准密度的98% ≥最大理论密度的94% ≥试验段密度的99%	
2	平整度	σ/mm	≤0.6	平整度仪:全线每车道连续检测,按每100 m计算IRI或σ
		IRI/(m/km)	≤1.0	
3	弯沉值/0.01 mm		≤设计验收弯沉值	按JTG F80/1—2017附录J检查
4	渗水系数/(mL/min)		满足设计要求;设计未要求时,SMA≤120,其他≤200	渗水试验仪:每200 m测1处
5	摩擦系数		满足设计要求	摆式仪:每200 m测1处;横向力系数测定车:全线连续检测,按JTG F80/1—2017附录L评定

续表 7.2.2

项次	检查项目		规定值或允许偏差	检查方法和频率
6	构造深度		满足设计要求	铺砂法：每 200 m 测 1 处
7△	厚度/mm	代表值	总厚度：-5%H 上面层：-10%h	按 JTG F80/1—2017 附录 H 检查，每 200 m 测 1 点
		合格值	总厚度：-10%H 上面层：-20%h	
8	中线平面偏位/mm		20	全站仪：每 200 m 测 2 点
9	纵断高程/mm		±15	水准仪：每 200 m 测 1 个断面
10	宽度/mm	有侧石	±20	尺量：每 200 m 测 2 个断面
		无侧石	≥设计值	
11	横坡/%		±0.3	水准仪：每 200 m 测 2 个断面
12△	矿料级配		满足生产配合比要求	T0725，每台班 1 次
13△	沥青含量		满足生产配合比要求	T0722、T0721、T0735，每台班 1 次
14	马歇尔稳定度		满足生产配合比要求	T0709，每台班 1 次

注：①压实度指标，本项目属高速公路，应选用其中的 2 个标准评定，以合格率低的作为评定结果。

②表列沥青层厚度仅规定负允许偏差。H 为沥青层总厚度，h 为沥青上面层厚度。

③平整度均方差 σ 根据全省高速公路品质工程要求及本项目实际情况，较 JTG F80/1—2017 指标要求提高了 100%，即从原来的≤1.2 mm 提高到了≤0.6 mm，有利于提升整个高速公路的行车舒适性，通过合理控制摊铺、碾压设备及工艺，能够达到≤0.6 mm 要求。IRI 规定值相应提高为≤1.0 m/km。

7.2.3 外观质量

1 表面应无明显裂缝、松散、推挤、碾压轮迹、油丁、泛油、离析等问题。

2 搭接处烫缝应无枯焦。

3 路面无积水。

注:项次 1 较 JTG F80/1—2017 要求“累计长度不超过 50 m”提高到了“应无明显”,考虑到沥青混凝土路面外观质量问题对高速公路整体观感质量有较大影响,若有以上外观质量问题,应在摊铺时及时进行局部返工处理。

7.2.4 适用范围

适用于全线路基区沥青混凝土面层施工。

7.3 稳定土基层和底基层

按《公路工程质量检验评定标准　第一册　土建工程》(JTG F80/1—2017)第 7.6 节执行。

7.4 稳定粒料基层和底基层

按《公路工程质量检验评定标准　第一册　土建工程》(JTG F80/1—2017)第 7.7 节执行。

7.5 级配碎(砾)石基层和底基层

按《公路工程质量检验评定标准　第一册　土建工程》(JTG F80/1—2017)第 7.8 节执行。

7.6 路缘石铺设

按《公路工程质量检验评定标准　第一册　土建工程》(JTG F80/1—2017)第 7.10 节执行。

7.7 路　肩

按《公路工程质量检验评定标准　第一册　土建工程》(JTG F80/1—2017)第 7.11 节执行。

8　涵洞工程

按《公路工程质量检验评定标准　第一册　土建工程》(JTG F80/1—2017)第9章执行。

9　防护支挡工程

按《公路工程质量检验评定标准　第一册　土建工程》(JTG F80/1—2017)第6章执行。

10　排水工程

按《公路工程质量检验评定标准　第一册　土建工程》(JTG F80/1—2017)第5章执行。

11　交通安全设施

按《公路工程质量检验评定标准　第一册　土建工程》(JTG F80/1—2017)第11章执行。

12 绿化工程

按《公路工程质量检验评定标准　第一册　土建工程》(JTG F80/1—2017)第12章执行。

13 声屏障工程

按《公路工程质量检验评定标准　第一册　土建工程》(JTG F80/1—2017)第13章执行。

14　机电工程

按《公路工程质量检验评定标准　第二册　机电工程》(JTG 2182—2020)执行。

附录 A　单位工程、分部工程及分项工程划分表

根据《公路工程质量检验评定标准　第一册　土建工程》(JTG F80/1—2017)附录 A 编制。

附表 A-1　黄河特大桥主桥工程划分

单位工程	分部工程	分项工程
塔及辅助墩、过渡墩(每个)	塔基础	钢筋加工及安装、钻孔灌注桩、灌注桩桩侧桩底压浆等
	塔承台	钢筋加工及安装、钢围堰制作及安装,钢围堰混凝土封底,承台等大体积混凝土结构等
	索塔	钢筋加工及安装、预应力筋加工和张拉,预应力管道压浆,混凝土塔座,索塔钢壳(横梁)节段制作,索塔钢壳(横梁)节段安装,索塔钢壳节段混凝土浇筑、索塔钢锚梁节段制作,索塔钢锚梁节段安装,支座垫石和挡块等
	辅助墩、过渡墩	钢筋加工及安装,预应力筋加工和张拉,预应力管道压浆,钢管复合桩钢管制作、安装,钻孔灌注桩, 灌注桩桩侧及桩底压浆,混凝土墩台身,支座垫石和挡块等
上部钢结构制作与防护	斜拉索	斜拉索和锚头制作与防护
	钢锚梁	钢锚梁制作、钢锚梁防护
	加劲梁	钢梁制作、钢梁防护
上部结构浇筑与安装	加劲梁浇筑	混凝土桥面板预制、桥面板湿接缝浇筑
	安装	钢梁悬臂拼装,桥面板安装、斜拉索安装
桥面系、附属工程及桥梁总体	桥面系	钢筋加工及安装,混凝土桥面板桥面防水层,混凝土桥面板沥青混凝土桥面铺装
	附属工程及桥梁总体	支座安装、伸缩装置安装、栏杆安装、钢桥上钢护栏安装,混凝土构件表面防护,桥梁总体等

附表 A-2　黄河特大桥副桥、引桥、跨堤桥工程划分

单位工程	分部工程	分项工程
桥梁工程（每座）	基础及下部构造（一联，交界墩划入小里程联）	钢筋加工及安装，预应力筋加工和张拉，预应力管道压浆，钢管复合桩钢管制作及安装，钻孔灌注桩、灌注桩桩侧及桩底压浆，钢围堰的混凝土封底，承台等大体积混凝土结构，混凝土墩台身，支座垫石和挡块，台背填土等
	上部构造预制和安装（一联）	钢筋加工及安装，预应力筋加工和张拉，预应力管道压浆，预制安装梁、板、悬臂施工梁，顶推施工梁，钢梁制作，钢梁安装，钢梁防护，湿接缝浇筑等
	上部构造现场浇筑（一联）	钢筋加工及安装，预应力筋加工和张拉，预应力管道压浆，就地浇筑梁、板，悬臂施工梁
	桥面系、附属工程及桥梁总体	钢筋加工及安装，混凝土桥面板桥面防水层，混凝土桥面板桥面铺装，支座安装，伸缩装置安装，混凝土护栏，钢桥上钢护栏安装，桥头搭板，混凝土小型构件预制，砌体坡面防护，混凝土构件表面防护，桥梁总体等
	防护工程	砌体坡面、护岸、导流工程等

注：①分幅桥梁按照单幅划分左、右幅两个单位工程。

②考虑到副桥、引桥、跨堤桥每联组成不同，有的属特大桥、有的属大桥，因此未严格按 JTG F80/1—2017 附录 A 确定 1～3 跨为一个分部工程，统一确定为一联为一个分部工程的划分单元，有利于现场整体施工组织及验收评定。

附表 A-3　接线及枢纽互通工程划分

单位工程	分部工程	分项工程
桥梁工程（每座）	基础及下部构造（一联，交界墩划入小里程联）	钢筋加工及安装，预应力筋加工和张拉，预应力管道压浆，钻孔灌注桩、系梁承台混凝土，混凝土墩台身，支座垫石和挡块，台背填土等
	上部构造预制和安装（一联）	钢筋加工及安装，预应力筋加工和张拉，预应力管道压浆，预制安装梁、板，悬臂施工梁，顶推施工梁，钢梁制作，钢梁安装，钢梁防护，湿接缝浇筑等
	上部构造现场浇筑（一联）	钢筋加工及安装，预应力筋加工和张拉，预应力管道压浆，就地浇筑梁、板，悬臂施工梁
	桥面系、附属工程及桥梁总体	钢筋加工及安装，混凝土桥面板桥面防水层，钢桥面板上防水黏结层，混凝土桥面板桥面铺装，钢桥面上沥青混凝土铺装，支座安装，伸缩装置安装，混凝土护栏，钢桥上钢护栏安装，桥头搭板，混凝土小型构件预制，砌体坡面防护，混凝土构件表面防护，桥梁总体等
	防护工程	砌体坡面等
	引道工程	按路基工程、路面工程的分项工程划分

注：①分幅桥梁按照单幅划分左、右幅两个单位工程。

②考虑到副桥、引桥、跨堤桥每联组成不同，有的属特大桥、有的属大桥，因此未严格按 JTG F80/1—2017 附录 A 确定 1～3 跨为一个分部工程，统一确定为一联为一个分部工程的划分单元，有利于现场整体施工组织及验收评定。

附表 A-4　路基、路面、绿化、声屏障工程划分

单位工程	分部工程	分项工程
路基工程（每 10 km 或每标段）	路基土石方工程（每 1 km）	土方路基，软土地基处置，土工合成材料处置层等
	排水工程（每 1 km）	管节预制，混凝土排水管安装，检查（雨水）井砌筑，土沟，浆砌水沟，盲沟，跌水，急流槽，水簸箕，排水泵站沉井，沉淀池等
	小桥及符合小桥标准的通道，人行天桥（每座）	钢筋加工及安装，气体，混凝土扩大基础，钻孔灌注桩，混凝土墩、台，墩、台身安装，台背填土，就地浇筑梁、板，预制安装梁、板，混凝土桥面板桥面防水层，制作垫石和挡块，制作安装，伸缩装置安装，混凝土护栏，桥台搭板，砌体坡面防护，混凝土构件表面防护，桥梁总体等
	涵洞、通道（每 1 km 路段）	钢筋加工及安装，涵台，管节预制，混凝土涵管安装，波形钢管涵安装，盖板制作，盖板安装，箱涵浇筑，倒虹吸竖井、集水井砌筑，一字墙和八字墙，涵洞填土，顶进施工的涵洞，砌体坡面防护，涵洞总体等
	防护支挡工程（每 1 km 路段）	砌体挡土墙，墙背填土，边坡锚固防护，土钉支护，砌体坡面防护等
	大型挡土墙、组合挡土墙（每处）	钢筋加工及安装，砌体挡土墙，悬臂式挡土墙，墙背填土等

续附表 A-4

单位工程	分部工程	分项工程
路面工程（每10 km或每标段）	路面工程（每1 km）	垫层、底基层，基层、面层，路缘石，路肩等
绿化工程（每合同段）	分隔带绿地、边坡绿地、护坡道绿地、碎落台绿地、平台绿地（每2 km路段），互通式立交区环岛绿地、管理养护设施区绿地、服务设施区绿地，取、弃土场绿地（每处）	绿地整理、树木栽植，草坪、草本地被及花卉种植，喷播绿化
声屏障工程（每合同段）	声屏障工程（每处）	砌块体声屏障，金属结构声屏障，复合结构声屏障

注：按路段长度划分的分部工程，高速公路取低值，本项目属高速公路，因此均取1 km。

附表 A-5 交通安全设施、附属设施工程划分

单位工程	分部工程	分项工程
交通安全设施(每 20 km 或每标段)	标志、标线、突起路标、轮廓标(每 5 km 路段)	标志,标线,突起路标,轮廓标
	护栏(每 5 km 路段)	波形梁护栏,缆索护栏,混凝土护栏,中央分隔带开口护栏
	防眩设施、隔离栅、防落物网(每 5 km 路段)	防眩板,防眩网,隔离栅,防落物网等
	里程碑和百米桩(每 5 km 路段)	里程碑,百米桩
附属设施	管理中心、服务区、房屋建筑、收费站、养护工区等设施	按其专业工程质量检验评定标准评定

注:①本项目主线全长 21.655 km,略高于 20 km,初步计划全线交通安全设施由一个标段负责,因此全线交通安全设施可直接划分为一个单位工程,便于施工管理及验收评定。

②按路段长度划分的分部工程,高速公路取低值,本项目属高速公路,因此均取 5 km 为一个分部工程划分单元。

附表 A-6 交通机电工程划分

单位工程	分部工程	分项工程
按《公路工程质量检验评定标准 第二册 机电工程》(JTG 2182—2020)附录 A 办理。机电工程施工单位及监理单位,由项目建设单位另行招标,进场后组织划分		

附录 B　压实度评定

按《公路工程质量检验评定标准　第一册　土建工程》(JTG F80/1—2017)附录 B 执行。

B.0.1　路基和路面基层、底基层的压实度应以重型击实标准为准。沥青层压实度应以现行《公路沥青路面施工技术规范》(JTG F40—2004)的规定为主。对于特殊干旱、潮湿地区或过湿土,可以现行《公路路基设计规范》(JTG D30—2015)、《公路路基施工技术规范》(JTG/T 3610—2019)规定的压实度标准进行评定。

B.0.2　标准密度应做平行试验,求其平均值作为现场检验的标准值。对于均匀性差的路基土质和路面结构层材料,应根据实际情况增补标准密度试验,求得相应的标准值。

B.0.3　本项目属高速公路,路基、路面压实度应以 1 km 长的路段为检验评定单元,按本标准各有关章节要求的检测频率进行现场压实度抽样检查,求算每一测点的压实度 K_i。细粒土现场压实度检测可采用灌砂法或环刀法;粗粒土及路面结构层压实度检测可采用灌砂法、水袋法或钻孔取样蜡封法。应用核子密度仪时,应经对比试验检测,确认其可靠性。

检验评定段的压实度代表值 K(算术平均值的下置信界限)为:

$$K = \bar{k} - t_{\alpha} \frac{S}{\sqrt{n}} \geqslant K_0$$

式中　$\bar{k}$——检验评定段内各测点压实度的平均值;

t_{α}——t 分布表中随测点数和保证率(或置信度 α)而变的系数,见附表 B.0.3,采用的保证率:本项目为高速公路,基层、底基层为 99%,路基、路面面层为 95%;

S——检测值的标准差;

n——检测点数；

K_0——压实度标准值。

路基、基层和底基层：$K \geqslant K_0$，且单点压实度 K_i 全部大于或等于规定值减 2 个百分点时，评定路段的压实度合格率为 100%；当 $K \geqslant K_0$，且单点压实度 K_i 全部大于或等于规定极值时，按测定值不低于规定值减 2 个百分点的测点数计算合格率。

$K<K_0$，或某一单点压实度 K_i 小于规定极值时，该评定路段压实度为不合格，相应分项工程评为不合格。

附表 B.0.3　$t_\alpha/\sqrt{n}$ 值

n	保证率			n	保证率		
	99%	95%	90%		99%	95%	90%
2	22.501	4.465	2.176	21	0.552	0.376	0.289
3	4.021	1.686	1.089	22	0.537	0.367	0.282
4	2.270	1.177	0.819	23	0.523	0.358	0.275
5	1.676	0.953	0.686	24	0.510	0.350	0.269
6	1.374	0.823	0.603	25	0.498	0.342	0.264
7	1.188	0.734	0.544	26	0.487	0.335	0.258
8	1.060	0.670	0.500	27	0.477	0.328	0.253
9	0.966	0.620	0.466	28	0.467	0.322	0.248
10	0.892	0.580	0.437	29	0.458	0.316	0.244
11	0.833	0.546	0.414	30	0.449	0.310	0.239
12	0.785	0.518	0.393	40	0.383	0.266	0.206
13	0.744	0.494	0.376	50	0.340	0.237	0.184
14	0.708	0.473	0.361	60	0.308	0.216	0.167
15	0.678	0.455	0.347	70	0.285	0.199	0.155
16	0.651	0.438	0.335	80	0.266	0.186	0.145
17	0.626	0.423	0.324	90	0.249	0.175	0.136
18	0.605	0.410	0.314	100	0.236	0.166	0.129
19	0.586	0.398	0.305	>100	$\frac{2.3265}{\sqrt{n}}$	$\frac{1.6449}{\sqrt{n}}$	$\frac{1.2815}{\sqrt{n}}$
20	0.568	0.387	0.297				

路基施工段落短时，分层压实度应全部符合要求，且样本数不少于 6 个。

沥青面层：当 $K \geqslant K_0$，且全部测点大于或等于规定值减 1 个百分点时，评定路段的压实度合格率为 100%；当 $K \geqslant K_0$ 时，按测定值不低于规定值减 1 个百分点的测点数计算合格率。

$K<K_0$ 时，评定路段的压实度为不合格，相应分项工程评为不合格。

附录 C　水泥混凝土抗压强度评定

按《公路工程质量检验评定标准　第一册　土建工程》(JTG F80/1—2017)附录 D 执行。

C.0.1　评定水泥混凝土的抗压强度,应以标准养生 28 d 龄期的试件、在标准试验条件下测得的极限强度为准,试件应采用边长为 150 mm 的立方体,大体积混凝土标准养生龄期设计另有要求的从其要求。每组试件 3 个。制取组数应符合下列规定:

1　不同强度等级及不同配合比的混凝土应在浇筑地点随机取样,分别制取试件。

2　连续浇筑一般体积的结构物(如基础、墩台等)时,每一单元结构物应制取 2 组。

3　连续浇筑大体积结构时,每 80~200 m^3 或每一工作班制取 2 组。

4　上部结构的主要构件长 16 m 以下应制取 1 组,16~30 m 制取 2 组,31~50 m 制取 3 组,50 m 及以上者不少于 5 组。小型构件每批或每工作班至少应制取 2 组。

5　每根钻孔桩至少应制取 2 组;桩长 20 m 以上者不少于 3 组;桩径大、浇筑时间很长时,不少于 4 组。如换工作班,每班应制取 2 组。

6　小桥涵、挡土墙、声屏障等构筑物的每座、每处或每工作台班应制取不少于 2 组。当原材料和配合比相同并由同一拌和站拌制时,可几座或几处合并制取 2 组。

7　应根据施工需要,另制取几组与结构物同条件养生的试件,作为拆模、吊装、张拉预应力、承受荷载等施工阶段的强度依据。

附录 D 结构混凝土外观质量限制缺陷

D.0.1 结构混凝土外观质量应进行全面检查。

D.0.2 外观质量检查前,结构混凝土的表面不得进行涂饰。

D.0.3 结构混凝土外观质量的限制缺陷应按附表 D.0.3 确定。

附表 D.0.3 结构混凝土外观质量限制缺陷

名称	现象	限制缺陷		
		支座垫石、锚下混凝土、锚索垫块等局部承压构件或部位	梁、板、拱、墩台身、盖梁、塔柱、防撞护栏、挡块、伸缩装置、锚固块、封锚、小型预制构件等	挡土墙、承台、锚碇块体、隧道锚塞体、沉井、基础、桥头搭板、边坡框格梁等
裂缝	表面延伸到内部的缝隙	存在非受力裂缝和宽度超过设计规定值的受力裂缝	存在宽度超过设计规定限值的非受力裂缝(设计未规定的,对防撞护栏及边坡框格梁、隐蔽结构或构件等为 0.3 mm,其他结构或构件为 0.2 mm); 全预应力及 A 类预应力混凝土构件存在受力裂缝,B 类预应力构件和钢筋混凝土构件存在宽度超过设计和相关规范限值的受力裂缝	
孔洞	深度超过保护层厚度的孔穴	存在孔洞		

续附表 D.0.3

名称	现象	限制缺陷		
		支座垫石、锚下混凝土、锚索垫块等局部承压构件或部位	梁、板、拱、墩台身、盖梁、塔柱、防撞护栏、挡块、伸缩装置、锚固块、封锚、小型预制构件等	挡土墙、承台、锚碇块体、隧道锚塞体、沉井、基础、桥头搭板、边坡框格梁等
露筋	钢筋未被混凝土包裹而形成的外露	存在露筋		
蜂窝	表面缺失水泥浆形成的局部蜂窝样粗骨料外露	存在蜂窝	主要受力部位：存在蜂窝； 其他部位：单个蜂窝面积大于 0.02 m^2，或蜂窝总面积超过所在面面积的 1%，或深度超过 10 mm 及 1/2 保护层厚度的蜂窝	单个蜂窝面积大于 0.04 m^2，或蜂窝总面积超过所在面面积的 2%，或深度超过 15 mm 及 1/2 保护层厚度的蜂窝
疏松	由离析、振捣不足而形成的局部不密实	存在疏松	主要受力部位：存在疏松； 其他部位：疏松总面积超过所在面面积的 1%；任何一处面积大于 0.02 m^2 的疏松；深度超过 10 mm 及 1/2 保护层厚度的疏松	疏松总面积超过所在面面积的 2%；任何一处面积大于 0.04 m^2 的疏松；深度超过 15 mm 及 1/2 保护层厚度的疏松

续附表 D.0.3

名称	现象	限制缺陷		
		支座垫石、锚下混凝土、锚索垫块等局部承压构件或部位	梁、板、拱、墩台身、盖梁、塔柱、防撞护栏、挡块、伸缩装置、锚固块、封锚、小型预制构件等	挡土墙、承台、锚碇块体、隧道锚塞体、沉井、基础、桥头搭板、边坡框格梁等
夹渣	混凝土中夹有杂物	存在夹渣	若杂物为钢筋、钢板等易腐蚀金属，视同为露筋；若杂物为土块、木块、混凝土碎块及其他杂物等视同为蜂窝	—
麻面	混凝土表面局部缺浆、粗糙或密集小凹坑	预制构件：麻面总面积超过所在面面积的 2%； 其他结构或构件：麻面总面积超过所在面面积的 3%		非隐蔽结构或构件：麻面总面积超过所在结构或构件面积的 4%； 隐蔽结构或构件：麻面总面积超过所在结构或构件面积的 6%
外形缺陷	棱线不直、翘曲不平、飞边凸肋、啃边、蹦角	影响结构使用功能或构件安装的外形缺陷，深度超过 1/2 保护层厚度的啃边、蹦角		

续附表 D.0.3

名称	现象	限制缺陷		
		支座垫石、锚下混凝土、锚索垫块等局部承压构件或部位	梁、板、拱、墩台身、盖梁、塔柱、防撞护栏、挡块、伸缩装置、锚固块、封锚、小型预制构件等	挡土墙、承台、锚碇块体、隧道锚塞体、沉井、基础、桥头搭板、边坡框格梁等
其他表面缺陷	掉皮、起砂、污染	预制构件:缺陷超过所在面面积的2%; 其他构件:缺陷超过所在面面积的3%		非隐蔽结构或构件:缺陷总面积超过所在结构或构件面积的4%; 隐蔽结构或构件:缺陷总面积超过所在结构或构件面积的6%

注:①非受力裂缝是指由荷载以外的作用而产生的裂缝,受力裂缝是指由荷载而产生的裂缝。

②主要受力部位包括梁、板、盖梁的跨中、支承区段,拱脚、拱顶区段,塔、柱底区段,连接区段等。